ジョン・ヘンリ・ニューマンの文学と思想

ジョン・ヘンリ・ニューマンの文学と思想

――影と幻から真実へ――

長倉禮子著

知泉書館

まえがき

ニューマンの生涯と思想および業績は、一九世紀の英国という限られた時空と伝統的キリスト教世界の範囲に縛られたものではあった。しかし、彼の偉大さと聖性はその生前から、境涯を異にする人々からも広く慕われ、深く関心をもたれ、当時の英国社会はもとより、その後も時代と国境を超えて文学、思想、哲学、宗教および霊性、美術、さらに教育の世界にまで幅広く影響を与え続けてきた。そして今日、ニューマンのもつ普遍性と永遠性はますます広く世に認められ、かつてオクスフォードの学生たちが「ニューマンを信じる」(Credo in Newmannum)とささやいた声が、さらに広い世界から、さらに声高に聞こえてくるのである。

ニューマンはヨーロッパやアメリカでは早くから関心を持たれ研究もされ、一九五六年以降ニューマンの国際会議が開かれ、研究交流も進んでいた。しかし、ニューマンの故国では理解され受容されるのに長い時間を要し、英国でニューマン研究が本格的に始まったのはようやく一九六六年の第一回オクスフォード・シンポジウム開催の前後からであった。

ところが、欧米諸国の人々には意外と思われるであろうが、かの国々から見れば極東の地である日本では、彼らにはるかに先駆けて明治の文明開化の先覚者たちはニューマンの生前から彼に注目していたのであり、坪内逍遥や『文学界』の人々をはじめ、上田敏や英文学を修めた優れた人々によってニューマンはいち早くわが国に紹介されていた。また植村正久や逢坂元吉郎といった明治のプロテスタントの指導者たちも早くからニューマンの優れた精神性を評価し、広く紹介しているのである。植村正久は説教でたびたびニューマンに触れていたし、東京神学舎（現・東京神学大学の前身）に学ぶ牧師志願の学生たちにニューマンのことを勉強するように勧めてもいた。一八八八年（明治二一）に植村によって「みめぐみあるひかりよ」と題して邦訳されたニューマンの名詩 Lead, Kindly Light！ はその後何度か異なる訳が試みられはしたが、賛美歌として今日なお愛唱され続けている。カトリックの世界でニューマンの名が聞かれるようになるのはやや遅れて、岩下壮一や吉満義彦らが活躍する昭和になってからである。岩下は大学時代からニューマンの英文に親しみ、公教神学校（現・日本カトリック神学院の前身）ではニューマンの講義をしている。岩下は一九一八年（大正七）のヨーロッパ遊学の折にはニューマンの創立になるロンドンのオラトリオ会を訪れ、司祭になって帰国する前にもバーミンガムにニューマンの部屋を、またその郊外にニューマンの墓を訪ねている。帰国後はニューマンに倣って日本でもオラトリオ会を創設しようと聖フィリッポ寮（現・東京信濃町の真生会館の前身）を開設し、「カトリシズムが日本の思想界に発言の自由と実力を持つ市民権を得るために」と活発に活動を展開したのであった。

一九三三年（昭和八）はニューマンが中心的な指導者の役割を果たしたオクスフォード運動の百周年にあたり、日本聖公会、カトリック教会、日本基督教会などわが国のキリスト教諸派はこの運動をさまざまに記念した。この機に、日本基督教会の熊野義孝は「ニューマンの追憶」という一文（『福音新報』昭和一八年八月一七日号）で、ニューマンを「人類の永久の追憶のうちに語られるであろう永遠の魅力を持った人物」と評している。同じ機に、カトリックの吉満義彦は『カトリシズム・トーマス・ニューマン』（新生堂、昭和九）の中で、ニューマンは自己の全存在の深み、〈神と我れ〉の孤独の深淵において、人間精神の最奥なるものを洞察し、見えない実在を澄明な良心において感じ取っていたのであり、ニューマンは、問題の提起において常に追求し発展していく生ける思索家として永遠の若さをもち、自らと時代の魂への徹底的批判と深遠なる洞察をしたがゆえに、はるかに時代に先んじていたのだと言っている。

わが国ではその後も続いてニューマンを高く評価し、彼の著作に親しんでいた文学者、思想家、宗教家たちがいたし、大戦へと突き進んでいった暗い時代にもニューマンを愛読し、ニューマンに時代の活路を見出し、ニューマンを心の糧とした人々がいた。敗戦後の価値観の混乱した時代には、ニューマンが時代を超えた価値の指標になるのではないかと異なる分野の人々がニューマンを取り上げたのであった。

ニューマンは多くの苦悩の末に人生の半ばでカトリックになったのだが、今日われわれが抱えているような問題を時代に先駆けて予見し闘っていた彼を理解できなかったのは、同時代の人たちだけではなく、当時の教会もまたそうだったのである。カトリック教会はニューマンの思想を近代主義（モデルニズム）と混同し、誤解し、危険視さえしたことがあった。現代におけるカトリック教会の改革は第二ヴァチカン公会議（一九六二―一九六五）によってはじめられたが、この公会議にかかわった神学者たちは福音の本質的な理解を目指して聖書と初代教会に立ち返ろうとして改革に取り組んだとき、ニューマンを思い出し、あるいはニューマンを知り、ニューマンに啓発されていたといわれる。第二ヴァチカン公会議が、時に「ニューマンの公会議」と呼ばれる所以である。

もう半世紀以上も前になるが、英国の作家コリン・ウィルソンは次のように言った。「（今日）ニューマンが扱った問題のすべてが依然としてわれわれの前にあり、それらが未解決のままに残されているがために、我々の文明は衰退の一途を辿っている。この情勢の下で我々の役に立つ一つの事柄をニューマンは教えてくれる。〔中略〕これらの問題を引き受けて肩にかつぎ、その重荷に耐えようとする一人の人間の努力が、いかに大きな影響をもちうるものであるか、それをニューマンの実例が示しているのである。彼個人の強さは、一つの世代全体の強さとなるに至ったのだ」（中村保男訳『宗教と反抗人』）と。同じころ、オクスフォードで行われたニューマン・シンポジウムでは、時のカンタベリの大主教ラムジは、ニューマンが生涯を通して生きようとした福音的な聖なる生活こそが、彼の持つ現代的な意義であり、われわれを真理と一致へと導く唯一の道は福音的な聖性の追求に他ならないことを、彼の生涯が証明したのだと語ったのであった。

ニューマンが一九世紀における最も偉大な宗教家・思想家そして文人の一人であることにもはや異論はない。しかし、彼の著作活動は神学、哲学、教育、文学、歴史などにおよび、説教者としても膨大な数の説教集を刊行しているし、三十数巻に及ぶ日記と書簡も残しており、これらの著作を通してだけでもニューマンの偉大さについて語ることは容易ではない。まして、多面的で多様性に富んだニューマンの全体像を的確に表現し紹介することは至難の業と言ってよかろう。「生きることは変化することであり、完全であることはたびたび変化することである」と言ったニューマンは、ほとんど一九世紀全体に及ぶ長く変化と苦難に満ちた生涯を誠実に生き切ったが、彼の生涯の多面性と多様性はまさに彼自らのものとしての統一があり、それが彼の聖性でもあった。

静かに、そして荘重に光芒を放ち続けてきた彼の聖性は、カトリック教会で公に認められて、ニューマンはこのほど在天の福者たちの列に加えられた。ニューマンの列福(*)というこの喜ばしい機会に、ニューマンの一側面の、しかもほんの僅かな部分にでも光を当てることによって、かつてのように、わが国でも再びニューマンに関心が持たれる端緒にでもなれたらという思いで、浅学菲才の身をも顧みず、これまで折々に発表してきたものに手を加えまた書き直したりして、急ぎ一書にまとめた次第である。

本書の副題として、ニューマン自らが碑銘として選んだ Ex Umbris et Imaginibus in Veritatem（「影と幻から真実

（＊）を使わせていただいた。この言葉以上にニューマンの生涯の真実性を語る言葉は見つからなかった。

（＊）　列福とは、すでにこの世を去ったキリスト信者がその生涯において神の恵みに忠実に生き、卓越した諸徳を勇敢に実践し、信仰の証を残したことを教会が公に認めることである。これに先立って列福の調査・審査の過程を経て福者にふさわしいと決定したとき、まず「尊者」の称号を与える。そしてこの人が教会の司牧の向上の為にふさわしいと判断されると、全教会で崇敬されるよう教皇がその信者を「福者」として荘厳に決定を宣言する。福者はこの世にある信者たちの模範となり、また取り次ぎ手として信者たちの希望を支えるのである。（『新カトリック大事典　第四巻』研究社、二〇〇九）参照。

目　次

目　次

ジョン・ヘンリ・ニューマンの文学と思想

——影と幻から真実へ——

第1章　ニューマンの生涯について

一八九〇年八月一七日の東京日日新聞は、八月一四日倫敦発「僧正の示寂」として次の記事を載せた。

「カージナル・ニューマン師は園寂せり。ニューマン氏（師）は英国において有名なる貴僧なり。千八百一年倫敦《ロンドン》に於て生まれ、オックスフォード大学に於て神学を修め、後羅馬《ローマ》法王よりカージナルの称号を得る迄、宗教上の功績最も多き人なり。その著書亦多し。行年九十歳」。

ニューマンは八月一一日に帰天したが、葬儀が予定されていた日までの八日間彼の遺体が安置されていたバーミンガムのオラトリオ会の聖堂には何百人もの人々が訪れ、この枢機卿に感謝と親愛の心を表した。葬儀の当日には、オラトリオ会のあるハグレー通りは何千という人々で埋め尽くされ、郊外のレドナルにある墓地へ通ずる沿道には、貴賤の別なく宗教を問わず、また信仰を持つと否とにかかわらず、この偉大な人物との別れを惜しむ人々の列が延々と連なっていた。スペクテイター紙は「巨星落つ」と書き、英国中の新聞は、かつては公然と非難され嘲笑された人、ニューマンの死を、それぞれに深い哀惜の念を込めた賞賛の言葉をもって報じたという。

＊　＊

ニューマンとは一体どんな人物であったのだろうか。ある人々はニューマンを近代のアウグスチヌスと呼び、あるいはパスカルやキルケゴールに似ている宗教哲学者であると言う。ある人々はニューマンを心理学者とし、あるいは優れた神学者であり偉大なキリスト教の護教論者であり著述家であるとする。またニューマンをヴィクトリア朝の卓越した散文作家であるとする人々もいる。ニューマンはヴィクトリア朝の文人たちに計り知れないほどの影響を与えたし、その後の英文学にアングロないしはローマン・カトリシズムという新しい潮流を加えたことは確かである。だが、いずれにしてもニューマンの書いたものは偏狭なキリスト教のドグマに属するのではなく、普遍性を持った文学に属するということに異論を挟む人は今日殆んどいないであろう。

ニューマンは機械化と産業革命を媒体として物質的繁栄を誇り、進歩を合言葉に限りなく前進していくかのように思われた一九世紀の、国力まさに黄金時代であった英国に生を受けた人である。新しい自然科学も生まれ発達し、一見もっともらしい宗教や思想も氾濫していた。コールリッジやカーライルの超越主義という宗教哲学や、ワーズワースの神秘主義に代表されるように文学の世界も自然主義にますます傾斜していくものであった。このような時代にあって、世俗世界と伝統的キリスト教の狭間に自らの実存を投じて生きたニューマンは、その世紀の精神的緊張を一身に具現したような人物であった。彼の主要な著作を見れば、その殆んどすべてが伝統的キリスト教の連続性と歴史的変化、宗教的承認と哲学的懐疑、宗教的教育と世俗的教育の関連付けといった伝統的な面と現代的な面とを備えているのに気づく。つまり、ニューマンは生涯を通じて宗教に及ぼす現代の問題を扱った人であると言えよう。

理解されることの少なかったその生涯について語るとき、人々はよく「ニューマンはあまりに時代に先んじて生きた」と言い、その優れた現代的な感覚に驚くときには「百年以上も前から現代を予見していた」と言う。しかし、現代へ通ずるさまざまな道普請をした一九世紀の人々の中で、ニューマンほど現代のキリスト教会のために道を整えた者はいなかったと言っても過言ではなかろう。事実、その後キリスト教会はニューマンがはるか予見していたような状況へと歩みを運んできた。しかし、キリストの教会だけではなく、またキリスト者であると否とを問わず、かつてオクスフォード運動に直接かかわりのなかった人々をも多数惹きつけたように、今日でもさまざまな思想・信条の人々や異なった境涯の人々がニューマンに魅力を感じ、ニューマンの重要性を論じているのは一体なぜであろうか。

ニューマンを慕う人々が彼の多面的な業績の中に見出すのは、まず何よりも彼の真理探究の真摯な姿勢である。だが、そうした精神の姿勢だけではなく、多くの人々は彼の生き方そのものに惹かれるのだ。殆ど一九世紀全体に及ぶその長い生涯の間、ニューマンは驚くべき一意専心の態度で人間としての真理追究と、キリスト者としての聖性の追求とを堅持した。ニューマンにとって真理は単に知的能力または学問によってのみ到達されるものではなく、人間全体によって、良心の光に対する従順により浄化された諸能力によって求められなければならないものであり、彼の中で思想と生き方とは完全に一致していたのだ。今日なおニューマンを慕い、ニューマンに学び、ニューマンに倣おうとする人々が多くいるということは、まさにこのことを証ししているのではないだろうか。

＊　＊

ジョン・ヘンリ・ニューマン（John Henry Newman）は一八〇一年にロンドンの銀行家の息子として、男三人、女三人の第一子として生まれた。母はナントの勅令の撤回によってフランスから英国に流れ込んできた有名なユグノー一族の出で、善良で温厚な聖書に深く親しむ人であった。父は宗教的見解についてはかなり自由な立場を持っていた。家庭はごく普通の英国国教徒の家庭で、両親は子どもたちに文学や音楽、そして家庭での演劇を奨励し、母や祖母は子どもたちに聖書を繰り返し読み聞かせていた。ニューマンは幼少時代に抱いた思想や感情の思い出を『アポロギア』の中で次のように書いている。「私はアラビアンナイトが本当であればよいのにといつも思っていた。私の想像は未知の力やお守りに強い愛着を示していた。……私は、人生は夢かもしれない、あるいは私は天使であり、この世はすべてまやかしであって、私の友である天使たちはふざけて姿を隠してしまい、見せかけの物質世界で私を騙しているのかもしれない、と思った」。

ニューマンは八歳でイーリングの寄宿学校に入り、ここで八年半を過ごしたが、校長のニコラスはかつて彼ほど学業に優れた生徒はいなかったと述懐している。幼少期から聖書を読むのを喜びとしていたが、一四歳の頃には、トマス・ペインの旧約聖書を攻撃する小冊子の中の反対論についてあれこれ思索するのを楽しみ、またヴォルテールの霊魂の不滅を否定する詩を書き写し、「恐ろしいが、いかにももっともらしいことだと思った」と記している。一八二三年のノートには、「多分一八一五年だったと思うが、徳高くありたいが、宗教的ではありたくないと考えていたことを思い出す。何か宗教的という考えの中に好きでないものがあったたし、神を愛するという意味も分からなかった」とある。

そのころナポレオン戦争終結の影響で金融恐慌が起こり、父は転職を余儀なくされたが、家運が傾いた中でもニューマンは学業を続けた。そして一五歳の秋、回心を経験するのである。「私はある信条に心を打たれ、知性の中に教義の刻印を受けた。そしてこれはその後、神の慈悲により、消されることもぼやけることもなかった」と記している。この回心はニューマンにとって手足があるということよりも確実な宗教体験であり、そのため幼少のころからの傾向であった物質世界の実在性についての疑いがますます強まった。いまやニューマンは「二つの、二つだけの、絶対的で、一点の曇りもない自明の存在――私自身と私の創造主」という確信に安らぎを見出した。目に見える世界はどれほど美しい現象であっても、それは目に見えないもっと真実な世界を隠すヴェールであった。フランスのニューマン研究者アンリ・ブレモンは、ニューマンのこの一五歳のときの回心を非常に重要なものであるとし、そこにこそ彼の宗教性の核心があると言っている。しかし、それだからといって、ニューマンは俗世を忌避する隠遁者になったわけではなく、ニューマンのモットーは終始「生きることは活動すること」であった。

一八一六年の暮れにニューマンはオクスフォードのトリニティ学寮に入学した。成績は優秀で一八一八年には特待生に選ばれ前途を大いに期待された。しかし、過度の勉学で体調を崩し、卒業試験では期待を裏切ることになってしまった。ニューマンはこのときの失敗を一生涯忘れなかったという。一八二二年四月、当時オクスフォードの知的俊秀を集めていたオリエル学寮のフェロー（特別研究員）に選出されるという栄誉を得、その三年後の一八二五年六月一三日に英国教会の司祭に叙階された。司祭叙階の日、日記に「（神よ）私をあなたの道具として下さい。あなたのおのぞみのままに私をお使い下さい。生きている時も、死にゆく時も、幸運であれ不運であれ、健康に恵まれようと病に伏せようと、名誉を受けようと、不名誉をこうむろうと、あなたのものとして下さい」という祈りと、それ以後の彼の人生に方向付けを与える言葉「私は死の日まで魂たちに対する責任を持つ」を書き留めている。叙階の三か月後、九月にニューマンは、父の死に遭遇するのである。父はまだ六〇歳に達していなかった。ニューマンはその後二年間オクスフォードの聖クレメンス教区の貧しい労働者階級の人々の責任者として教え、説教し、信徒たちのすべての家を訪問し、病める人々を慰めたのであった。このころニューマンは先輩のリチャード・ウエイトリから知的影響を受けると共に、オリエル学寮の個人指導教官になったが、これも彼にとっては司牧の一環であった。次いで、自分自身の病気と最愛の妹メアリの急死という二つの大きな出来事に遭遇し、霊魂の救いという事柄に深く思いを潜めるようになった。妹のメアリは、一八二八年一月四日、公現祭の夜、祝いの食卓で突然胸の苦しみを訴え、翌日には帰らぬ人となってしまったのである。彼女は健康そのものに思われていた明るく元気で利発な一九歳の少女で、ニューマンは彼女をこよなく愛していた。(八〇歳を過ぎてからも、彼女のことを思い出す度に涙を流さずにはおれなかったという。)メアリの死は、ニューマンを目に見えない超自然の世界の真実性に一層開眼させたのであった。「感覚に訴えるこの世界は、どれほど美しくても、しょせんヴェールにおおわれているのだ」と妹のジェマイマに書き送っている。メアリの死はまた、ニューマンの心に、他の人々に対するより深い共感をも生むことになった。

英国人にとっての正統的なキリスト教は国教会であるのだが、この頃ニューマンは国家と教会は別のものであり、教会は神の委託を受けてその啓示を保持している集団であるという理解を持ち始めていた。そして間もなく、同じオリエル学寮のフェローである後輩ハレル・フルードと知り合い、彼から聖体内におけるキリストの現存と神の母としてのマリアへの信心を学び、またフルードを通して彼と同じ高教会派の先輩ジョン・キーブルをも知るに至った。ニューマンがこの二人から受けた影響はとても大きく、その頃から彼は初代教会の教父の研究に打ち込むようになった。教父達こそはキリスト教教義の真の代弁者であり、高教会派の基礎だったからである。

一八二八年三月一四日、ニューマンは大学付属の教会である聖マリア教会の司祭に任命された。ここも一つの教区であって、彼は説教壇から一般信徒に向けて語りかけていた。彼の説教の評判が高まり、オクスフォードの学生たちや教員たちも出席するようになり、後にそれらの説教が刊行されるようになると、その反響は全国的に広がっていった。一八二九年一月には「アリストテレスの詩論について」という論文を「ロンドン・レビュー」誌に発表している。この中でニューマンは、筋又は構想に重きをおくアリストテレスの説を批評して、内面の真正な道徳的な態度が、詩作の精神としての条件であり、表現することばは大切ではあるが、重要な部分ではないとし、そして、物事に対する詩的な感覚を持つことの必要性を訴えている。一八三二年に教父研究の一つの成果として処女作『四世紀のアリウス派』を脱稿した。オクスフォードにあって、聖書と教父という源泉から個人的に学んだニューマンは、他の神学者たちとは違い、神学の伝統や当時の哲学の影響から自由であった。ニューマンに東方への洞察が見られるのは彼がギリシア教父たちを深く考究した結果である。

『四世紀のアリウス派』の執筆で過労気味だったニューマンは、病弱のハレル・フルードが療養のため父と連れ立って南欧へ行くという旅に誘われ、彼らに同行することにした。一八三二年一二月八日にファルマス港を出発し、地中海を周航してギリシアからイタリアに戻り、翌三三年四月にローマに留まるフルード父子と別れて、彼は一人で再びシチリア島へ赴いた。ところがそこで熱病にかかり、一時は生命も危ぶまれるほどだった。その病の床で彼は「私は光に対して決して背いたことがないのだから死にはしない」と召使に語ったが、この言葉の真意はニューマン自身にとってもいつまでも謎めいていたという。回復してからは、それが何であるかは分からないが、イギリスで果たすべき任務を思って帰心矢の如くであった。パレルモからようやくマルセーユへ向けて出発できたのは六月半ばで、かの有名な詩 Lead, Kindly Light! が生まれたのは、マルセーユへ向かう船上であった。この詩は、人生の新たなる出立を目前にして、後年の彼自身の成熟した人生の理想を予言的に表現している詩であるといわれる。ニューマンの詩の大半はこの旅行中に生まれたもので、その多くは来るべき運動への予感を示している。

ニューマンは一八三三年七月八日夜ロンドンに帰着し、翌日の夜には直ちにオクスフォードへ向かった。つぎの日曜日、七月一四日にオクスフォード大学の説教壇でキーブルが「国民的背教」と題する説教を行ったのである。ニューマンはこの日を常にオクスフォード運動の起点と考えていた。オクスフォード運動というのは、英国教会に介入してきた自由党内閣に対して〈全国民を挙げての背教〉と言ったキーブルの説教に端を発した社会改革政策に対するオクスフォードの保守主義の運動と言ってよいであろう。しかし、背景には英国教会内部に信仰の低下と世俗主義や神学におけるリベラリズムの台頭があったのであり、この運動はオクスフォード大学を中心としてキリスト教教義と霊性の復興および教会改革の運動として高まっていったのである。この運動の同志たちは『時局叢書《トラクト》』を発刊してその趣旨を広めることに努めたが、そのためこの運動の指導者たちは〈トラクタリアン〉と呼ばれた。ピュージー、キーブル、フルードをはじめ多くの人々がこの叢書に寄稿したが、最も多く執筆したのはニューマンであった。彼らは使徒伝承の神の制度としての教会の権威を強調し、ニューマンは教会の使徒伝承性、普遍性、秘蹟性などを擁護するパンフレットを書いた。その中には中道を歩む英国教会の妥当性を論じた「教会の預言者的役務」(一八三七年)もある。ルターに反論し、当時のカトリック側の理解を深め是正した画期的な恩寵論といわれる「成義論」(一八三八年)を著したのもこの頃である。『時局叢書《トラクト》』は爆発的な売れ行きを見せたが、この叢書以上に影響力があったのが聖マリア教会におけるニューマンの日曜日午後の説教であった。彼の説教は新しい啓示であるかのように人々の心に響き、心を神の方に向けさせ、心の奥深く確信を植え付け、神の現存を感じさせずにはおかないような超自然的な迫力があったという。クリストファー・ドウソンはこの運動に高度に知的な性格を与え、その精神と目的を計り知れないほど広いものとしたのはニューマンの非凡な創造的才能であったと言っている。ニューマンは一〇年間この運動の実質的な指導者であったが、彼自身にはその中心人物になろうという野心は毛頭なく、彼が目的としたことのすべては使徒時代から継承されてきた本当の伝統はどれであるかということを見出し、それに全面的に服従することであった。かくてニューマンは教父の研究に没頭していくのである。

一八三九年の夏、五世紀のカトリック教会について調べていたニューマンは、カルケドン公会議で異端として断罪されたキリスト単性論者の立場が英国教会の立場ではないか、つまり、英国教会は異端なのではないかという疑いを抱くようになった。そして、その後しばらくして、たまたま「全体としての世界の判断は誤りえない」というアウグスチヌスの言葉を知ったとき、彼は英国教会が世界から孤立していることを痛切に意識せざるを得なかった。トラクタリアンたちは使徒たちからの権威が由来する体としての教会について忘れ去られた教義の復活と、教会に対する国家の侵害に対しての反対基盤を掲げようとしたのであるが、はからずもこのことが彼らをして英国教会の孤立した立場に注目せざるを得ないようにさせたのである。彼らは英国教会の中にあまりにも多くのプロテスタント的要素がありすぎると感じ始めていた。その困難を解決するには、英国教会の世界性を明らかにしなければならない。ニューマンは英国教会とカトリック教会の教義が基本的には矛盾していないことを論証する目的で『時局叢書《トラクト》』の第九〇編を書いた。ニューマンはこの論文の趣旨を、「信条はカトリックの教説（初代教会のそれ）に反対しない。ローマの教会の定説（中世以降の宗教会議によって決定されたもの）にはただ部分的に反対するだけである。概してローマの教会の現在の誤謬（一般の人々の信仰や実践）には反対する」と書いたのである。ニューマンは英国教会のカトリシティを示すために、アングリカンとカトリックの教義を和解させようと最善の努力をしたのだが、英国教会の信仰箇条をまとめたいわゆる「三九箇条」に対するこの解釈は彼の上に色濃い疑いの影を投げかけることになったのである。ニューマンに対するこれまで人々の寄せていた信用はことごとく崩れ落ち、オクスフォードの学生、卒業生および全国の崇拝者に対して彼の持っていた非常な感化力は一気に失われてしまった。『時局叢書《トラクト》』は刊行中止に追い込まれ、オクスフォード運動は急速に衰退した。ニューマン自身は英国教会そのものに対する疑念を幻想として扱おうと努めた。だが、アタナシウスの翻訳をしているうちに、純粋なアリウス派が今日のプロテスタントで、半アリウス派が英国教会であり、カトリック教会は一貫して変わらないのではないかという思いはますます深まっていった。そして啓示宗教はどの程度まで発展できるかという問題に取り組むようになるのである。

　ところでもし、キリスト教があらゆる時代と場所に適合する普遍的な宗教であるとしたら、それは発展しなければならず、そのためには生きた権威がなければならないということは先行的に最もあり得る。ここに真理の発展と誤った発展の区別が生じ、生命を与える啓示を保護することが可能となる。そのことはパウロが「真理の柱であり土台である生ける神の教会」（一テモテ三・一五）と呼んだ教会においてはじめて可能であり、これは長い間ニューマンが「朽ちないもの」と呼んできたものである。英国国教徒としてのニューマンは教会が分派する以前の古代教会における信仰は真理の源泉であるということに固執してきた。歴史的に教会は教父たちの後継者であるところのキリストの教会である。キリストは神的共同体を残した。その共同体は古代に存在していたが、なくなることなく今も存在しなければならない。使徒の時代から連綿と続くそのような教会は結局ローマ・カトリック教会以外にはない。こうしてニューマンはその教会に加わることがあらゆる義務の中で最も重要な義務であるという結論に達したのであった。

一八四一年の末から四五年に至るまでニューマンは英国教会に対して死病の床にあったと述懐している。その間に聖マリア教会を辞し、オクスフォード郊外のリトルモアに退き、ローマ教会攻撃の文章を撤回し、オリエル学寮のフェローも辞した。一八四四年の秋にようやくカトリック教会に転ずる考えが起こってきたが、その過程で『キリスト教教義発展論』の執筆に取り掛かった。この書にはそれ以前の教会には例が見られなかったような教義の歴史的な生成と発展の概念が導入されている。ニューマンはその執筆中にようやくカトリックになる決意を固め、一八四五年一〇月九日、リトルモアを訪れたドミニク・バルベリ神父の手でカトリック教会に迎え入れられたのである。ニューマン四五歳の時である。

ニューマンはあくまでも理性と良心に忠実であろうとしてローマ・カトリック教会へ転じた。しかしこのことは、彼がこれまで愛してきた環境はもとより、家族、友人たちをはじめ彼を愛し慕ってくれたすべての人々と決別することであり、社会的な拒絶にあうことなども意味していた。キーブルその他の友人たちとの文通は止み、その他多くの人々との交流もその後二〇年間も途絶えることになるのである。ニューマンの教えは多数の人々にとって真のキリスト者の生活を生きるよう強力な刺激となっていたのであるから、これらの人々に疑惑と混乱を生じさせたのは当然であった。時の政治家グラッドストーンはニューマンがカトリック教会へ転じたことを英国教会を根底から揺さぶる大地震に例えたが、ニューマンに続いて数百に及ぶ知識人がカトリック教会へ移ったのであった。

カトリック教会へ移ってからのニューマンは、その後の生き方について迷ったが、結局カトリックの司祭になることを決意し、ローマのプロパガンダ大学に学び、一八四七年五月三〇日にカトリック司祭に叙階された。いろいろの修道会に入ることも考えたが、最終的にオラトリオ会を選び、一緒にカトリックになり、共にプロパガンダ大学で学び叙階されたアンブローズ・セント・ジョンをはじめ、数人の他の同志らとローマでこの会に入った。この会は一六世紀にイタリアのフィリッポ・ネリによって在俗司祭たちが共同生活をする集団として創立されたものである。叙階された年の暮、ニューマンはセント・ジョンと一緒にロンドンに帰着、翌年の元旦には初ミサをあげている。またすぐその後、一八四八年二月にバーミンガムにオラトリオ会を創設し、五月にはロンドンにもこの会を創った。ニューマンはこの会を通して英国のカトリックに多くの利益をもたらすことが出来るだろうと考えたのであった。一八五〇年の秋、バーミンガムに北接するスタッフォード州でコレラが猛威を振るったとき、ニューマンはオラトリオ会の会員たちと共にそこに赴き病人の救護に献身した。同年、バーミンガムでカトリックとプロテスタントの混在する聴衆に、また翌年にはロンドンでもキリスト者たちに講演を行った。とりわけロンドンにおける講演は大成功を収め、そのために八月にはローマから名誉神学博士号を授与され、英国におけるカトリックの意気も大いに高揚したのであった。

ニューマンはカトリック信徒の教育の急務を痛感した。彼がかつてオクスフォードで説教していたキリスト者の偉大さや、神の内在といった真理はカトリック教会ではあまり強調されていなかった。教会における信徒の地位は非常に低く、信徒の教育は切実な問題であった。それよりもなお急を要する問題は、ますます増大していく不信仰に対して啓示宗教を知的に弁護する必要性であった。一八五一年夏に、ニューマンはカトリックの信徒に対する英国人の偏見を正そうと、バーミンガムにおいて「カトリック信徒の現在の状況」という講演をして大成功をおさめた。しかしこの講演の中で、当時ローマから破門され、英国人の偏見に乗じてカトリックへの攻撃を展開していたイタリア人の元聖職者アキリを誹謗したかどで名誉毀損罪に訴えられ、以来三年にわたって大いに悩まされるのである。

一八五二年、ニューマンはアイルランドの司教たちの要請を受けてダブリンに創設されるカトリック大学の初代総長に就任した。教育理念の古典的な文献となった『大学の理念』は総長就任から退任までの七年間に行った講演集である。この講演集は爾来世界中の多くの学生や教師らに尽きることのないインスピレーションを与え続けているが、ニューマン自身は高邁な教育理念を実現することが出来ず、失意のうちに大学を去るのである。ニューマンは聖職者と信徒は一つになって共に協力しあっていかなければならないという信念であったから、カトリック大学創設の目的も単にカトリック信徒の教育水準を高めるためばかりでなく、聖職者と信徒が同一の立場に立って出会える場を提供することをも意味していた。しかし、一般信徒の教授にも聖職者と対等な権限を与えようとするニューマンの考えは、当時のアイルランドの保守的な司教たちの受け入れるところとはならなかった。かつて英国教会に属していたニューマンを彼らは信頼することが出来なかったのである。

この間ニューマンは二編の小説『損と得』（一八四八年）と『カリスタ』（一八五六年）を書いている。両方とも宗教的回心の物語であるが、前者は多分に自伝的でいささか退屈な議論の部分が多く、行動や事件性に乏しい。しかし、後者は事件や動作、そして情景が変化に富み、心理描写も巧みで、歴史小説としても成功している。『カリスタ』は人間の心を深く洞察して感動的であるばかりか、自然描写も精緻を極めており、ニューマンの著作中もっとも完全に彼の特徴を表している作品だと言う人さえいる。文筆家としてのニューマンはキケロに負うところが多く、その文体観はプラトン、ロンギヌスとも共通する。「文体は言語に表出された思考である。想像力をかきたて、豊かな思想を働かせる詩人の心の感動がそのまま文体となって表れるのだ」と言ったニューマンである。彼の文章は時に風刺の火花を散らすことはあるが、どの文章も魂の溢れそのものに外ならず、詩的に美しく人の心を打つものである。『大学の理念』に収められている「文学について」の中で、「美しい思想は美しい表現を生み、感じるところが激しければ感動的な文体が生まれる。心象が生きいきとしていれば迫力ある文体に、主題の理解が明確なら明晰な文体となり、分析的であるほど表現は豊かになり、全体と部分の透視、把握が確実になり、統一と調和が保たれて文体は明快となる」と言っている。

一八五七年五月、ニューマンはカトリックの子弟の教育のために、バーミンガムのオラトリオ会に付設した小さな寄宿学校を開いた。五九年にはカトリックで唯一のハイクラスの雑誌『ラムブラー』の編集を引き受けた。しかし信仰問題に関する信徒の権利を弁護したことから第二号を発刊した後に辞任のやむなきに至った。ニューマンにとって教会とは洗礼によって神の霊を受けているすべての信徒を意味していたが、圧倒的に優勢な聖職権主義のもとではそれは受け容れられない考えであった。（彼の「教義に関して信徒に聞く」はおよそ百年後に第二ヴァチカン公会議でその思想が生かされたことは周知の通りである。）この頃はオラトリオ会の内部の事柄においても思うにまかせぬことが多く、彼自身「急に年をとった感じがする」と言ったように、挫折に次ぐ挫折に心身ともに疲れきっていたのである。

一八六四年にはキングズリとの論争がおこり、ニューマンは再び英国民の注視を浴びることになる。プロテスタントの牧師ですでに小説家として名をなし、母校のケンブリッジ大学の近代詩の教授でもあったキングズリは、歴史家のアンソニー・フルード（ハレル・フルードの弟）の著作の書評でニューマンを引き合いに出してカトリック聖職者の誠実を疑う旨の発言をしたのである。ニューマンはこれを英国民の中に依然として根強くあるカトリックに対する偏見を除くことに役立たせる機会と考えて「生涯の弁」を公にし始めた。英国教会側、プロテスタント側によって押された陰険な「裏切り」という烙印を消し去るには、対等に切り結ぶに足る論争相手の出現が暗黙のうちに待たれていた。何回かキングズリと書簡を交わした末、このような相手に対しては自分の宗教的見解の歴史を包み隠さず語る他ないと決意し、ニューマンはその決意を実行に移したのである。こうして書かれたのが『アポロギア』であるが、その一章分を毎週パンフレット形式で連続刊行していった。『アポロギア』は好意的な反響を呼び、これによってニューマンは一八四五年にカトリックになって以来失っていた信用を回復し、それにともなって英国国内のカトリック信徒の社会的地位も大いに向上した。

しかし、カトリック内部においてはまだいくつかの挫折を経験せねばならなかった。知的拠点としてのオクスフォード大学の存在は絶えずニューマンの念頭に去来しており、彼としてはそこにカトリックの学寮を設立したかったが、マニング大司教たちはこれに反対した。それではせめてオクスフォードにオラトリオ会を開いてカトリック師弟の教育に当たらせようと考えたがこれも実現しなかった。反対はいつもカトリック教会の側から出たということは皮肉なことではあった。

一八六五年には、文学史上稀有な作品と評されている長篇詩「ゲロンシアスの夢」が世に出された。そのころまたニューマンは最後の重要な作品となる『承認の原理』を書き始めている。ニューマンはかつて『大学説教集』で神学者でない普通の人の持つ確信というものを擁護したが、老年期に達したいま、彼の基本的な確信を一書に纏め上げることによって漸くそれを完成させたのである。これまで大部分の伝統的護教論者が主張してきたように、もし信仰に対する理由づけが、厳密に論理的形式に入れられなければならないとしたら、教育のある神学者以外には誰も信仰の確信を持てないことになる。『承認の原理』では、人は証明不可能な多くの事柄について確信を持っているという事実について論じており、ニューマンは普通一般の人々の持つ信仰の合理性を擁護して事実に訴えたのである。彼の著作はそれまでは殆んど時の要請に応じたものであったが、『承認の原理』は彼が年来自らの重要課題としていた理性と信仰の問題に一つの決着を与えたものと言える。

一八七〇年に教皇不可謬説が第一ヴァチカン公会議を通過した。ニューマンは英国教会にいたころから教会は誤りえないと言う立場を堅持していたので、カトリックに転ずるときもこの教義を受け容れることに異存はなかった。しかし、教皇の不可謬性を教義として宣言することは不要であり、そうすることは賢明でないと思ったのである。ここでもまたニューマンは「教会全体の判断は誤り得ない」という原則に訴えた。精神的な宗教に必須な基礎として教義は神聖なものであるとしながら、カトリックとしてニューマンは一生の間、教会の中における自由な討論の価値と便法とを強調したのであった。この教皇不可謬説が発表されるや、ごうごうたる非難が世間に巻き起こり、グラッドストーンは「市民の義務に関するヴァチカン教書」というパンフレットをもって反論した。これに対してニューマンは「ノーフォーク公爵への手紙」という形のパンフレットをもって応戦した。ノーフォーク公爵は当時英国カトリック一般信徒の代表と考えられていたのである。このパンフレットはカトリックとプロテスタントとを問わず、多くのキリスト者たちから絶賛され、大いに歓迎されたのであった。

ニューマンは一八七八年には母校のトリニティ学寮に招かれて名誉評議員に推薦された。翌年にはノーフォーク公爵ら信徒たちがニューマンを枢機卿に推す運動を起こし、七九年にレオ一三世によって実際に枢機卿にあげられたのである。これはニューマンが生涯をかけて遂行してきた啓示宗教に対する仕事を教会が是認し、彼が正真正銘のカトリックであることが立証されたということである。ニューマンはオラトリオ会の仲間に「私を覆っていた雲は永久に晴れた」と語ったという。枢機卿としてニューマンがモットーとして選んだことばは「心が心に語りかける」という意味のラテン語 Cor ad Cor Loquitur であったが、これこそニューマンの生涯を貫いていた信条であった。

わが国ではじめてニューマンの全体像を紹介した石田憲次は、ニューマンの一生で、オクスフォード時代は百花繚乱の春のようであったが、夏秋は風雨の禍が激しく晴天を望む日は殆んどまれで、晩年になってようやく静かな小春日和が訪れて、親しみやすい陽光が骨の髄まで彼を暖めてくれたと表現している。

ニューマンは一八九〇年の夏、肺炎のためほんの二日ばかり床に伏した後、八月一一日にバーミンガムのオラトリオ会の仲間たちに見守られながら静かに息を引き取った。享年八九歳であった。ニューマンの晩年の世話をし、彼の遺著の管理者であったオラトリオ会の同志ネヴィル師は、ニューマンが人生の試練の日々に、彼の心を思いやって支えてくれた人々に対し、どれほど感謝に満ちてその思い出を大切にしていたかを如実に示すものとして、彼の死の床で起きた小さな出来事を次のように語っている。

> 「ニューマンが枢機卿になる三〇年以上も前、見知らぬ非常に貧しい一人の人が訪ねて来たことがあったが、その人はニューマンに対する尊敬の言葉を添えて絹のハンカチを戸口に置いていった。当時ニューマンも非常に貧しかった。ニューマンはこの心のこもった贈り物も言葉も、送り主の意向そのままに、しかも厳粛に受け取り、それを秘蔵の品であるかのように大切にとっておいたが、死を予期して床についたときこれを持ってこさせて自分の身に着けた。医者はそうしないほうがよいと忠告したのだが、ニューマンはこれを身に着けたまま亡くなったのであった(*)」。

ニューマンの棺は彼が枢機卿になったときその紋章に選んだ「心が心に語りかける」という言葉の書かれた布で覆われ、無二の友アムブローズ・セント・ジョンと同じ墓に葬られた。そして、ニューマンの生前からの希望により、碑銘として「影と幻から真実へ」という言葉が刻まれた。

当時わが国プロテスタント界の指導者であった植村正久は、ニューマンの訃報に接したとき、ニューマンがかつて地中海周遊のときに詠ったかの詩の末行「神の聖徒《みつかい》の顔は笑みつつ我を迎えん」がいまや彼自身のものとなったと言って、その死を惜しんだのであった。

（＊） ウイルフリッド・ウオード著『ニューマン枢機卿伝』II Wilfrid Ward, *The Life of Cardinal Newman*, Vol. II,（London: Longmans, Green, and Co.）1912. p.537.

第2章　神の聖徒《みつかい》の顔は笑みつつ我を迎えん
―― Lead, Kindly Light! ――

Lead, Kindly Light! はわが国では賛美歌として明治二一年（一八八八）に刊行された『新撰賛美歌』にすでにその訳が収められており、その後いろいろな訳が試みられたが、この賛美歌は今日なおも愛唱され続けている。明治二三年（一八九〇）の改版『新撰賛美歌』は文学的にもすぐれたもので、当時のわが国の詩壇に少なからぬ影響を与えたことは良く知られている。日本基督教会の牧師で、東京神学社（東京神学大学の前身）の校長でもあった植村正久は、ブラウニング、テニソン、ワーズワースなどの英詩人に関心を持ち、『日本評論』を創刊して英文学の紹介に大きな功績を残したが、植村の翻訳・紹介した英詩の中でも Lead, Kindly Light! は、おそらく初めて翻訳・紹介されたニューマンの詩であろう。

一　植村正久による Lead, Kindly Light! の翻訳と紹介

植村は明治四四年（一九一一）に『福音新報』（四月二二日号）でこの詩を賛美歌風にではなく原詩の意味に忠実に訳しその解説を試みている。以下にニューマンの原詩の一部と、やや古風であるが植村の訳を紹介しながらこ

の詩に対する彼の解説を見てみよう。

Lead, Kindly Light, amid the encircling gloom,
　Lead Thou me on!
The night is dark, and I am far from home—
　Lead Thou me on!
Keep Thou my feet; I do not ask to see
The distant scene,—one step enough for me.

I was not ever thus, nor pray'd that Thou
　Shouldst lead me on.
I loved to choose and see my path; but now,
　Lead Thou me on!
I loved the garish day, and, spite of fears,
　Pride ruled my will: remember not past years.

So long Thy power hath blest me, sure it still
　Will lead me on,

O'er moor and fen, o'er crag and torrent, till
The night is gone;
And with the morn those angel faces smile
Which I have loved long since, and lost awhile.

一　なさけある光よ、打ち囲める
暗闇の中を導きたまへ。
我を導きたまへ。
夜は暗く、家より遠ざかれり。
我を導きたまへ。
我が足を護りたまへ。遠き去向《ゆくて》の状《さま》を見んことを我求めず。
一歩みを導きたまはば、我が為には足りなん。

植村は、この詩はニューマンが眼前の景色に寄せて、その頃自分の心に去来していた前途の理想とこれを実行するについて覚悟しているところを述べたもので、行進曲、出陣の歌というのが適当だと言う。そして、この詩には鬱勃《うつぼつ》として抑えきれないほど勢い盛んな青年の志が溢れていて、青年が志を立てて世に一大飛躍を試みようとするが、前途は漠々としている暗中に身を投ずるような心情である。しかし、この前途の雲霧を望む際、ニューマンは頼もしい光が人生を照らしているのを認め、暗闇の中でも「我を導きたまへ」と言うことが出来たのだ。

確かに夜は暗くて家より遠ざかっているときは、しきりに前途が心配になり、明日のことが思い煩われ、それからそれへと思い続けて先々のことがすべて明白にならないうちは安心できないように感じる。だがニューマンは遠い行く手のさまを見ることを求めないで、一歩だけを導いてくだされば充分ですと言うのである。そして、愚者のごとく行き先にのみ心を配って前途について思い煩うのではなく、自分の行方も分からなかったアブラハムがひたすら神の愛を信じて出立したように、世の青年も「一歩を導きたまはば、我が為には足りなん」となさけある光に一切を委ねて雄飛しなければならないと励ましている。

二　我さきには斯《かか》る心なく、また我を導きたまへとも祈らでありき。
　我が途を己が思ふままに撰み、且つ見極めんことを好めり。
　　されど今は我を導きたまへ。
　我昔はしたり顔に、世に時めくことを喜びとせり。
　　恐れを抱かざるにあらねど、
　意志を支配せるものは、傲慢にぞありける。
　　あはれ過ぎ去りし歳月を記憶なしたまひそ。

今は従順に神の導きに身を任せようとしているが、かつて詩人の心はそのようではなく、当時は今のように導いてくださいとは祈らなかった。自分の知恵や力により頼み、何でもやっていけるという意気込み盛んで、名誉が好きで、成功にあせり、虚栄に憧れ、実に恥ずかしい心であった。時には心配も恐怖も起こらないわけではないが、覇気に駆られていたのだ。神を軽蔑して自分にのみ頼んで不敬不遜であった。夢のような徒労の生活で過ごしてきた日々を、「神よ、赦してください」と祈っている。

ニューマンは幼少のころから品行方正であったが、己れを頼みて自負心が強く傲慢であったことを思い出し、赦しを求めたのである。これからは自分の考えよりは神が自分のことを顧みてくださることに信頼して生きていこう、そして日ごとに罪を赦してくださいと祈りながら過去と決別して新たなる歩みを始めようと決心している。

このように詩人はかつての生き方を自己批判して、将来においてまじめに生きることを決心したことは一大進歩である。日ごとに「罪を赦してください」と祈りながら、新たな方面に進んでいくのがキリスト者の志であるべきはずである。

三　御力は斯《か》くも長く我を祝したまへり。この後も必ず
　　我を導きたまはん。
沢辺にも沼にも懸崖《けんがい》にも激湍《げきたん》にも、なお末長く導きたまふらめ。
　　夜はかくて過ぎ、
朝と共に、我がむかし愛せしも今はしばし取り失ひぬる
天使の如き面《かお》の笑《えみ》を示す時を待たん。

詩人は過ぎてきた歳月を顧みると、温かな摂理、懇《ねんご》ろな神の教育がとても豊かであったことを理解した。彼は久しく神の擁護と導きを受けていたのだ。この記憶の有難さに勇み立って、神はなおも自分を導いてくださるこ

との確かさが希望の手引きとなった。それで「沢辺にも沼にも、懸崖にも、激湍にも、導きたまはん」と祈ったのである。沢辺にも沼にもというのは単調で無味で、あまり面白味がなく、いかにも気が滅入って世を味気なく思はざるを得ない生活である。そうでないときには危険この上なく、おどおどして暮らすときもある。人生の出来事には実に山あり谷ありで変化と起伏きわまりないが、これまで導いてくださった神の摂理、教育と指導を思い出し、永遠の生命にいたるまで導いてくださることに信頼している。だから何も恐れることなく雄々しく進んでいくことが出来るのだ。ただ現在の世界ばかりではない。人生の夜の帳《とばり》が下り、永遠の朝が明け初め、ついに先立って逝った懐かしい人たちの笑顔が迎えてくれるそのときまで、神の導きは常に伴ってくださるであろう。

明治二三年（一八九〇）八月、ニューマンの訃報に接した植村正久は『日本評論』（第一二号）に次の言葉を寄せている。

府下の諸新聞に見えたるロイトルの電報に曰く、去月一四日カーデナル・ニューマン死すと。ニューマンは英国の宗教社会において極めて履歴多き人なり。（中略）

カーデナル・ニューマンは一八〇一年ロンドンの富家に生まれ、今年八月一四日[1]をもって、その高潔剛毅なる現世の生涯を終われり。その詩の末句に曰く。

神の聖徒《みつかい》のかほはえみつつ我を迎《むか》へん

彼が秀美偉大なる心魂は此の将然言《しょうぜんげん》を已然言とはなしつるならめ。

植村正久識す。

二　Lead, Kindly Light! 誕生の背景

この詩の誕生の背景について少し詳しく説明を加えておこう。『四世紀のアリウス派』の執筆で健康を害してしまった三二歳のニューマンは、病弱の友人ハレル・フルードがその父と共に療養のために地中海周遊の旅に出るのに誘われて彼らに同行した。三人は一八三二年一二月八日に英国南西部のファルマス港を出港したが、三日目の朝にはスペインの山々が見えてきた。それはニューマンがはじめて目にした異国の風景であった。十三日目にはポルトガルの海岸が目に入ってきて、ニューマンはこれまで見なれた英国とは全く異なる風景に驚いている。ジブラルタル海峡を通って十二月二〇日にアフリカ北部のアルジェに着いたが、コレラが発生していて上陸できず、彼らはマルタ島でクリスマスを迎えた。しかし、ここでもコレラが流行っていて上陸できず、イオニア諸島の一つコーフー島に向かった。ニューマンはギリシア海域に入ったことに歓喜し、ホーマーの歌が、ツキジデスの歴史の世界が、オデッセウスのイタカが……とことばに表せない位の喜びを家族に書き送っている。『オデッセウス』は彼が幼年期にはじめて読んだ物語だったという。そして、その頃に夢見た光景が今、現実のものとして彼に迫ってきたのだ。ニューマンはこの船旅の間、一日一つの詩作をしている。一二月三〇日にはコーフー島に着き、そこから一月一〇日に再びマルタ島を訪れ、約一か月間そこに滞在した。二月七日にマルタ島を発ち、シチリア島のメッシナ、パレルモ経由でナポリへ向かい、ナポリにおよそ二週間滞在し、三月二日ようやくロー

マに到着した。ニューマンの目にローマは、その栄光と威厳においてオクスフォードとは比較にならないほど素晴らしいものと映った。ローマの印象は三人にとって確かに強烈なものであったらしいが、途中ほんの数日立ち寄っただけのシチリア島は、ニューマンの心を抗い難いほど強く捉えてしまっていたようである。

ニューマンは人々の反対を押し切り、帰途に着くフルード父子と四月九日に別れてひとり再びナポリへ行き、そこからシチリア島に向かい、ここでゲンナロというナポリ人を同行者として雇った。二人は四月二一日にメッシナに着いた。しかし、ニューマンはシチリア島の各地を巡るうちにひどい熱病にかかり、レオンフォルテで数日間床に伏すことになるのである。彼はフルードと別れて勝手な行動をとったための罰ではないかと感じるが、同時に病の床で、「私は光に対して背いたことがないのだから、死にはしない」と繰り返していたという。医者も薬もなく、ゲンナロが作ってくれたカモミール茶だけを飲んでいた。ゲンナロはニューマンが死ぬのではないかと思い、荷物を自分に託してくれるように言い、ニューマンも、万が一、自分が死んだ時のために彼にフルードの住所を与えた。しかし、ニューマンは、「英国でしなければならない仕事がある」と強く言い続けたという。二人は、カストロ・ジョバンニで三週間ほど過ごしたあと、五月二五日にそこを発ち、翌日か翌々日にパレルモに着いた。彼は自伝の中で、その日またはその前日の朝、ベットの端に坐ってはげしく泣き、「神は私にさせたいと思っておられる仕事がたしかにあると確信しているると言うのが、精一杯だった」と書いている。心ははやっても帰国のための船がなく、船を待ってさらに三週間パレルモに足止めされ、ようやくパレルモからマルセーユへ向けて出発できたのは六月も半ばであった。Lead, Kindly Lightとして知られている「雲の柱」（The Pillar of the Cloud）というこの詩が生まれたのは六月一六日、まさにマルセーユに向かうこの船中であった。

ボニファチオ海峡でまたもや凪のために一週間の停泊を余儀なくされ、ニューマンが故郷に帰りついたのは一八三三年七月九日であった。次の日曜日、七月一四日にジョン・キーブルがオクスフォードの聖マリア教会の説教壇から「国民的背教」という説教を行ったが、ニューマンは常にその日をオクスフォード運動の火蓋が切られた日であるとしていた。

三　詩人としてのニューマン

ところで、わが国で英国の文学を紹介し鑑賞し始めたのは坪内逍遥や『文学界』の人々からであった。明治の英文学受容の初期から大学で英文学を講じた外国人教師たちの影響もあって、オクスフォード運動やニューマンは英文学を修めたすぐれた人々によっていち早くわが国に紹介され、ニューマンの名は明治の知識人たちの間に知られていた。

坪内逍遥の『英文学史』（一九〇一年）は、ニューマンの伝記、思想ならびに作品、さらに一九世紀の精神界に与えたニューマンの影響などについてかなり詳しく紹介している。逍遥は、オクスフォード運動の指導者たちは美文の才ある者が多く、彼らの散文も詩歌として賞玩すべきものが少なくなかったことに注目し、「第一九世紀に於ける哲学家及び神学家の諸著述は、之れを純文学の方面より観るも、（取りわけ彼の当世紀の前期よりはじまりしオックスフォード派の学者の中には、文才あるもの頗る多く、其の著書中には）散文の詩歌として賞玩すべき者も少なからず」と述べている。そして英国一九世紀の哲学および神学の著作家の中で純文学の方面より見て文章家と称することの出来る数少ない人の中にニューマンを挙げている。更に、ニューマンの著作の大部分は散文の論説であるが、韻文の作者としても文学史上確かに一の地位を占めるに足る人物であるとしている。ニューマンの詩の中でもとりわけ「みめぐみあるひかりよ」または「たえなるみちしるべのひかりよ」の邦訳で親しまれている Lead, Kindly Light! は優美巧妙なる賛美歌であり、宗教上の思想を詩化した技巧は「同代比少なし」と言い、また「ゲロンシアスの夢」はニューマンが複雑多様な人生行路の絶所を過ぎて静かに来し方を振り返ったときのその生涯の傑作と称せられると評価している。

荒川龍彦は近代文芸精神史と文芸批評の立場から、ニューマンは一九世紀英国の最大の文人の一人と認め、この詩は神にだけ頼ろうとする内なる心が純粋な詩的感情となってほとばしり出た形而上詩であると非常に高く評価している。キリスト者であり英文学者であった斎藤勇はキリスト者の永遠への巡礼の心をこれほど切実に詠った「哀韻幽調な詩」はまたとないと言い、また同じく英文学者の石田憲次は、ニューマンの詩はどれも内に満ちたものがあふれ出てきたまさに彼の人格と思想そのものの表現であり、生活の記録としても無上の価値を持つと断言している。

ニューマンの詩は数も少なく、芸術性に乏しく、詩人としては二流にすぎないと言う人が時にいる。しかし、この詩と「ゲロンシアスの夢」との二編だけをもってしてもニューマンは詩人として文学史上にその名を留め得るであろうと言う人は多い。リチャード・ハットンは、この詩について輪郭が壮大で、趣味が純粋で、効果全体が燦然としていて、この詩に匹敵する英語の短詩はありそうもないとさえ言っている。

詩人としてのニューマンの評価はともかく、この詩はすべての人に、どのような困難にあっても、見えざる導きの手に信頼して人生の道に一歩を踏み出す勇気を促し、自分の至らなさを省みつつも希望をもってなおも歩み続けるよう励ましを与える詩として多くの人々にインスピレーションを与えてきたのである。

ニューマンの優れた評伝作家であるO・チャドイックは、その著『ニューマン』の中でこの詩の意義を次のように述べている。

（ニューマンは）静かな人でありながら、度々心は悩み、神の神秘を求めながらその追求を妨げられることが多く、暗雲に包まれた人であるが、一度にわずかを見ることで心みたされ、遠大な計画や遠くまで計算することもなく、信仰のうちにゆっくりと歩んでいった人である。その日の仕事をし、一時に一つのことだけを目標にし、出来るときにはいつも上を仰いだ人である。〔中略〕

ヴィクトリアの世代の人々はこの詩のなかに自分たちを見出した。聖書について不確かであり、マルクスと階級闘争を恐れ、自然の進化と敵意に苦悶し、道徳的基盤にためらい、スラムと搾取と戦っていた自分たちの姿を。――ヴィクトリア時代の人々は後にこのニューマンの詩を聞き、この詩を自分たちのものとし、ためらいがちの自分たちの信仰を声にしたのである。ニューマンが教皇の側の人間であろうとなかろうと、彼は自分たちに属する人間だったのである。(2)

英国のニューマン研究者イアン・カーは、この詩が、英語で書かれた賛美歌の中で最も有名なものの一つとなったのは、この詩のもつ感謝と信頼の心情が、人生の旅路にあって多くの人々が、自分にあてはめて祈ることができる詩だからであると言っている。同時にカーは、この詩の特長はむしろ第一節の最後の「一歩を導いて下さるだけで充分です」にあると言って、「これはニューマンの霊性の中心に常々あった思想で、光はほんの少しずつ与えられるのであり、光を与えられて私たちが一歩をふみ出す時、必ず次の歩みが見え、次に何をなすべきかを必ず理解することができるのである。だから、数歩先や、道の終わりを見ようとすることは無駄であるばかりか、挫折さえするであろう」と言う。そしてカーは、ニューマンが人を感動させる理想主義を語る時、高い志を実現させるのは、月並みで平凡な手段なのだというこの詩と通ずる〈理想主義と現実主義とのバランス〉を彼の説教の中にも見出すであろうと言っているのである。(3)

(1) ニューマンの死は八月一一日である。これは新聞記事に「八月一四日倫敦発」とあったための誤りであろう。
(2) オウエン・チャドイック著(川中なほ子訳)『ニューマン』(教文館一九九五)一三七、一三八ページ。
(3) Ian Ker, *John Henry Newman, a biography*, Oxford University Press, 1988. pp.79-80.

第3章　心が心に語りかける

一　ニューマンの説教について

一八二二年四月にオリエル学寮のフェロー（特別研究員）に選出されていたニューマンは一八二五年に英国教会の司祭に叙階され、聖クレメンス教区に配属された。その教区では司祭として主に貧しい労働者階級の教区民のために働いていたが、一八二八年に二七歳で大学教会である聖マリア教会の司祭に任じられた。聖マリア教会は大学教会ではあるが同時に小教区の教会であって、この教会の司祭は大学周辺の教区民はもとより、近郊のリトルモア地区の農民たちに対しても司牧の責任が課せられていた。ニューマンはそのときから一八四三年にかけて英国教会の司祭として活発に司牧活動を展開するのであるが、毎週日曜日の午後には説教壇の上から一般の信徒たちに熱心に語りかけていた。彼の説教の評判は次第に高まっていき、大学の学生や卒業生はもとより教授たちまでもが押しかけて来るようになり、そのうちに他の地域からも人々が集まって来たので、説教はさらに午前にも行われるようになった。一八三三年にジョン・キーブルが同じ説教壇から「国民的背教」という説教を行ったことによってオクスフォード運動が始まったことは第1章で述べた通りであるが、毎週のニューマンの説教がこの運動の精神を大きく支えたと言われている。

英国教会の司祭に叙階された頃のニューマンは、福音主義者たちから最も強い影響を受けており、とりわけアストン・スタンフォードのトマス・スコットから受けた影響は大きかった。そのため、聖クレメンス教会で司牧活動をしていた頃の説教はスタンダードな福音主義のテーマ、つまり人間の本性は堕落していて、永遠の生命に入るためには聖霊の働きによって再生されて聖なる人生を送らなければならないといったことなどが扱われている。この頃のニューマンはスコットと同じ様に道徳律廃棄論に対抗する見解を持っていた。ニューマンにとって真の信仰は、優れて実践的なものであり、キリスト信者は罪を避け、行いにおいて従順であることはもちろん、神に完全に帰依しなければならないという考えであった。しかし同時に、人間が義化されるのは善行によるのではなく、善行は信仰のしるしに過ぎず、人間は信仰によって贖い主であり且つ改心する罪びとを救うキリストを理解するのだとしている。またこの時期の説教は世俗主義に対抗するもので、聖書研究の必要性や信仰の真実を生きることや、主の食卓に与ることなどを説くものであった。

聖マリア教会での初期の説教は、聖性とキリスト信者の生き方についての内容が優勢であった。年代が進むにつれて、旧約聖書の内容について個人的な理解が深められていることがより顕著になり、旧約聖書を深く読み込むことによって人物を心理的・道徳的に描くようになっている。この同じ時期に、ニューマンは聖マリア教会で大学人を対象にした説教を一五回行っている。これは後に『大学説教集』（一八四三年）として刊行されているのであるが、この説教集はニューマンのすべての説教の中で一番知的で、一五の説教のほとんどが理性と信仰の問題を正面から扱っている。その〈緒言〉で彼自身言っているように、その中に含まれるものは〈説教〉というよりはむしろ〈講話〉である。その内容は信仰と理性は矛盾するものではないが、理性は信仰への道を準備はしても啓示がなければ不十分であること、心の問題は合理的な理性の領域ではなく信仰の問題であることなどを述べており、ニューマンの著作の集大成とも言うべき後の哲学的著作『承認の原理』へとつながっていくものである。

聖マリア教会に在任した一五年間と、その前の聖クレメンス教会在任中と合わせて一九年間にニューマンの行った説教は一二七〇回に上る。ニューマンの説教は一八二四年から一八四二年にかけてと四三年に『教区説教集』として六巻が出版され、一八四三年にはオクスフォード運動のトラクタリアンの『平明説教集』として二巻が出版された。両者はW・J・コープランドの編により一本に合わされて『教区民のための平明説教集』と題されて一八六八年に八巻が出版された。

一八四三年にニューマンは聖マリア教会を辞任し、オクスフォード郊外のリトルモアに隠棲するが、そこでは彼が建てた教会で説教するようになり、それは後に『時の話題をめぐる説教集』として出版された。これは教区の司祭としての説教集で先の『教区民のための平明説教集』と似てはいるが、当時の教会の問題を論じているのでそれよりはやや論争的である。この中には、ニューマンが『アポロギア』を書くきっかけとなったチャールズ・キングズリとの論争が起こったときにキングズリが論拠として引き合いに出した「賢さと素直さ」という説教と、ニューマンがついに英国教会に別れを告げるときの説教「友との別れ」も含まれている。

一八四五年にカトリック教会へ移ってからの説教は『混合の会衆に向けてなされた講話集』（一八四九年）に集められている。これらの説教はバーミンガムに居を据えてからのもので、カトリックの礼拝に伴う〈説教〉ではなく、バーミンガム一般市民を対象に行った〈講話〉だった。「自然と恩寵」、「主の受難における霊魂の苦しみ」や「御子ゆえのマリアの栄光」などは、教父やカトリック教会の伝統に深く根ざしているもので、全般的に英国教会時代のものよりも文体も美しく、想像力も豊かで、精神の高揚と喜びが感じられる説教となっている。カトリックになってからもニューマンの説教には聖書からの引用が多いが、聖書の扱いはずっと柔軟になっている。

ニューマンは一八五六年にダブリンに新設されるカトリック大学の総長に任命されたが、その任命から翌年にかけてダブリンの大学教会で行った八編の説教は、『さまざまな機会に行った説教集』（一八五七年）に収められており、ほとんどがさまざまな記念行事の折の説教であるが、中でも「第二の春」（*The Second Spring*）は特に有名である。一八五〇年に英国カトリックの位階制が復活してから始めての教会会議が一八五二年にバーミンガム近郊のオスコット・カレッジで開かれたとき、その聖堂でなされた説教で、一六世紀の宗教改革以来、苦難に耐えてきた英国のカトリック教会がようやくその体制を立て直した喜びを語るものである。

本章ではまず、オクスフォード大学のフェローであり聖マリア教会の選任説教者であったニューマンが行った第五番目の説教を採りあげる。この説教では、福音宣教において宣教者の人格が宣教にどのように作用するのかニューマンの論ずるところを見てみたい。次いで英国教会に別れを告げる説教「友との別れ」を紹介し、その邦訳を試みる。

二　心から心に伝えられる福音

ニューマンは大学の起源について考察する論稿で、学問を追求する人は何よりも理性の活動を重んじることは言うまでもないが、真理が伝達されていくためには教師の与える人格的な影響がどれほど大きいかを論じている。一八三二年一月二二日になされた『大学説教集』の第五番目の説教「真理伝達の手段としての人格的な影響」（**Personal Influence, the Means of Propagating the Truth**）でも、福音を宣教するときに人格的な影響がいかに必須であるかを論じているのである。以下に、この説教でニューマンは、福音の宣教において人格的な影響がどのように作用すると考えているのかを探っていきたい。

（１）　恩寵の道具としての人間

福音はこの世に与えられこの世の中で宣べ伝えられていく。福音がはじめて宣べられたとき、福音の宣教者たちは人々の目にどのように映り、彼らはどのように扱われたのであろうか。ニューマンによれば、福音を伝える者は世の人々の目には弱く愚かしく、軽蔑されるべき者として映ったのであり、世の人々は自分たちこそ強く賢く賞賛されるべき者であると思ったから、彼らは宣教者たちを弱く、愚かしく、また軽蔑されるべき人間として扱ったのである。しかし、弱く愚かしい宣教者たちによってであろうと、福音は今日に至るまで宣べ伝えられてきたし、今日もなお伝えられ続けている。その成功の秘訣、その隠れた力、それは啓示を与えた神ご自身の意思に基づいているからであり、福音は神の祝福の賜物によって宣べ伝えられ続けるのである。またなによりも、宣教に携わる人は、「世の終わりまで常に共にいる」（マタイ二八・二〇）と約束された方の力に支えられていることを確信している。彼らは誰よりもこのことを深く感じながら福音を宣べ伝えており、恩寵に信頼して福音に留まるようにと人々を励まし続けているのである。

ニューマンはこの説教の冒頭に、「弱い者なのに強い者とされた」（ヘブライ人への手紙一一・三四）という聖書の言葉を置いて、福音宣教に携わる人々は本来は弱い人間であるのに彼らを強める恵みを与えられ、それを身に帯びて宣教活動をしているのだということを暗示している。また、本来の人間と、恩寵によって高められた人間とを対比させ、福音宣教はこの世と根本的に違った価値にもとづいて行われるのだということをも示唆している。しかし、この説教では恩寵の問題はさておき、神がそれを通して働かれる恩寵の道具としての人間に考察が絞られている。言うまでもなく、恩寵の〈道具としての人間〉は福音宣教の主体である。福音宣教は全く新しい価値の基準に基づいて人間の心を変えていく新しい創造の業である。この新しい創造の業における神のやり方は、最初の創造のときと同じように、神ご自身が直接に働かれるのではなく、あらゆる弱さ、愚かさにも拘わらず、人間的手段を用いて働かれるのである。つまり、福音宣教においても、神の意思は人間が具体的・実際的な個々の場面においてその状況を見、判断し、自由に行動する人間としてのあらゆる活動や出来事を通して実現されるのである。

（2） キリストを信じるものの共同体――教会

福音宣教の最初期の様子は「使徒言行録」に探ることができる。ここには、使徒たちが福音を宣べ伝えるときに、彼らの言葉の真実を証しする多くの奇跡が行われ、奇跡が福音宣教の大きな力になっていたこと、そして奇跡によって保証された使徒たちの言葉を受け入れた人々の数が日ごとに増していったことなどが記されている。しかし、こうした奇跡も最初期の福音宣教以後は行われなくなっている。イエスに帰依した人々は〈キリスト者〉（クリスチャン）と呼ばれ、その集まりはやがて〈教会〉（エクレシア）と呼ばれるようになるが、この教会は福音の真理の基礎・真理の柱となって、奇跡の行われていた時代よりも福音宣教のもっと深く豊かな道具・手段となっていったのである。

キリストを信じる者たちは互いには信者であることを知っていたかもしれないが、それぞれに、さまざまな形で社会生活を営んでいたわけであるから、群衆の中では散らばって隠れた存在であり、一緒に何かをしたり協力し合ったりする手段は持ち合わせていなかった。教会は異なる人々の混在した共同体であり、個人個人は不完全な人間であって、過ちも犯せば罪も犯す。教会の歴史を見れば明らかなように、初期の時代から数々の堕落によって傷ついてしまってもいる。だが、こうしたあらゆる不完全さにもかかわらず、いつの時代にも隠れた本物のキリスト者が教会に生命と力とを与え続けてきたことをニューマンは強調するのである。

教会の存立は地上的ではない原理に基づいているので、教会はこの世におけるどのような社会的・政治的な〈組織〉とも異なる共同体である。それでも教会と呼ばれるこの共同体が、何世紀にも亘ってそれが始まったときの本質に一貫して忠実であり続けることができたのはなぜだろうか。教会は超地上的な本質をしっかりと堅持しながら、時代を超え、国境を越えて、世俗の権威によってさえも認められ支持を得てきたのはなぜだろうか。堕落した部分を含みながらも驚くべき忠実さで、ひとたび与えられた超地上的な本質を同一に保ち続けているのはどういうわけだろうか。また、教会がこの世の中で今日もなお成長し続けているのはどうしてだろうか。ニューマンはこうした問題を提起しつつ、福音宣教の根本にある教会の本質的な純粋さと永続性の秘密に迫ろうとするのである。

（3）　教会の持つ霊的また精神的な性格

ニューマンは先ず、福音の真理は本質的に自然科学の真理とは異なっており、霊的ないし精神的な真理であることを指摘する。したがって、福音がこの世に広まっていくのは霊的な原理による〈影響〉によってであり、福音宣教の方法も精神的な方法による以外にはありえないと言う。しかし、この精神的な方法はこの世の中で容易に見極められるものではない。これは「自然の人間は神の霊のことを受け入れない」（一コリント二・一四）からであり、「光は闇に輝いたが、闇はこれを理解出来なかった」（ヨハネ一・五）からである。光と闇は相反する性質のものである。自然の人間と神の霊の間にはそのままでは超えられない壁があり、それを超えるには超自然の恩寵の介入が必要である。また知恵は知恵として抽象的に存在するのではなく、「知恵の正しいことはその行いが証明する」（マタイ一一・一九）のであるから、人間の行いがその信憑性を証明しなければならないのである。

福音を宣教する者は「狼の群れの中に送り込まれる羊」のようなものであり、人々の中にあっては「蛇のように聡く、鳩のように素直で」（マタイ一〇・一六）なければならない。この聖書の言葉は福音を宣教する人々の中に自然のレベルとは別の、または自然を超えた霊的また精神的なある力が潜んでいることをも示唆している。福音の真理を伝える使命を受けた人々の中に潜むその超自然的な徳の力が、彼らの人格を通して直接または間接に彼らと出会う人々の人格に働きかけ、福音は伝わり広まっていくのである。福音の宣教者は、相手の学のあるなしにかかわりなく、また相手の身分の貴賤にもかかわりなく、自らに内在する超自然の霊的な力、または徳にこそ頼らなければならないのであるから、ここで福音を宣教する人の人格による影響が直接に問題となってくるのである。

イエスが昇天した後は教会が第二の教師となることが約束されていた。そして、教会はイエスが示されたものよりもはるかに多様性に富んだ共同体となって福音を宣べ伝えてきた。しかし、実際に教会を生かし続けてきたのは教会の中に生きる本物のキリスト者たちにほかならないのである。イエス・キリストを生きる隠れた本物のキリスト者たちが歴史の中で教会の霊的また精神的な性格を形成してきたのであり、福音が伝播していったのは組織の力などではなく、人格による影響そのものに依存しているのだということをニューマンは主張してやまないのである。

（４）　真理の教師であるイエスの人格

ニューマンはどのような社会的・政治的な組織とも異なる機構、つまり、真理の機構である教会の持つ霊的また精神的な性格を強調しているのをこれまで見てきたが、それはどのように形成されていったのかの跡を辿っていくとき、イエス・キリストご自身の人格に辿りつくのである。

実際に教会の存続を可能にしてきたのは、イエス・キリストを生きる隠れた本物のキリスト者たちであるとニューマンは言うが、そこには福音の真理の創始者であり福音宣教の原点である真理の教師イエス・キリストご自身がおられるのである。したがって、私たちはまず、イエスご自身の人格について考える必要がある。

真理の教師であるイエスを考えるとき、私たちは、イエスは普通の人間とは違った成長を遂げられた方だと考えがちである。しかし、ニューマンはイエスの人格も普通の人間が辿る成長過程を経て完成されていったことを強調する。イエスもその幼児期には、生まれたときに与えられていた内面の光を徐々に増していったのであり、長じては人間として一意専心して生きることによって彼の人格は成長し、次第に完成していったのである。イエスは、正しく行動するための知識と力、義務の観念などを初めから完成されたものとして持っていたのではない。イエスの内面は時の経過の中で成長し、内的な確信も次第に強まっていったのである。同時に、そこから逃げ出したい誘惑にも絶えずさらされ続けていた。イエスの内面において、真理の光が最初から燦然と輝いていたわけではない。最初はかすかでしかなかった真理の光は、イエスが本性に忠実であったがために、その内面で絶えず輝きを増していったのである。かすかな光によって作り出されていた本物の影は、初めは光を邪魔していたであろうが、やがて消えていった。最初は単なる感覚なのか幻想なのか区別がつかなかったようなものも、次第にその輪郭がはっきりしていき、生の原理となる内面性も徐々に確立し、やがて習性となっていったのであった。イエスにおいては更に、新たな義務が生じたり、新たな能力が行動を起こしたりすると、直ちにそれは既に形成されている内面の体系へと吸収されていき、そこで相応しい位置を得て内面の更なる充実と行動との調和をみるのであった。このようにしてイエスは、肉体における漸進的な成長とあいまって、心と精神においても自己のアイデンティティーが次第に確立されていったのである。イエスのこうした内面と外面の成長および充実は、本質的に私たちのそれと同じであり、私たちと同様に青年期・壮年期にそれぞれ特有の試練をも経験しているのだとニューマンは言うのである。

私たちの場合、人生の途上に起こってくるさまざまな試練で挫折してしまったり、良心の声に忠実でなかったりして本来与えられている力を充分に成長させることはなかなか困難である。イエスも、神の本性を備えておられたとしても、私たちと同じように、知的・心理的・道徳的・霊的そして肉体的のあらゆる面を含んだ漸進的で自然な成長と人間的な完成を遂げられたのであることをニューマンは強調してやまない。

それでは、このように形成された内面の充実から溢れ出てくるイエスの自発的で自然な言動や思想に関してどのように考えたらよいだろうか。言葉というものは不完全であるから、たとえ霊的で精神的な信念を持っていたとしても、実際に徳を生きている人が自分の徳について語り、それについて説明したりすることは不可能に近い。それどころか、霊的で精神的な真理はそれを本当に身につけ生きている人々の側からは擁護されることも、充分に説明されたりすることもないし、言葉で弁護されることは難しいものである。どれほど知識があろうが、どれほど内面が充実していようが、それを伝えるのは言葉ではなく内面の溢れだからである。福音宣教とは福音を宣伝することでもなければ福音の単なる伝達でもない。人間の心を変えることである。したがって福音を伝える人の人格そのものが問題とならざるを得ない。人の心を変える力は人格以外にはあり得ないからである。

真理の教師であるイエスはその使命を遂行するために三〇年の間自らを準備した。イエスがいよいよ宣教活動を始めたときのことをニューマンは次のように考える。イエスはこの世の中にあってかなり目立った存在であった。実際イエスの行った奇跡は大群衆を惹きつけたし、その威厳のある顔つきや、優れた知性と知識は多くの人々を惹きつける魅力があったであろう。また、大群衆に向かって福音を伝えるときには大声をあげざるを得なかったであろう。それは、この世が絶え間ない騒音にさらされているからで、人々の注意を惹くためには目立たざるを得なかったのだと言う。他方、イエスの福音を聞いた人々の反応はどうであっただろうか。ある人々はイエスのことばにしばらくの間は心を動かされたであろう。またこの偉大な教師の非常な単純さに感嘆した人々も多くいたであろう。傲慢なものは苛立ち反対し、哲学を研究する者はこの師の教えを奇想天外なものと捉えたであろう。しばらくの間ついていった群衆も、その多くはやがて立ち去っていった。しかし、イエスの使命は人の心の表面にとどまるに過ぎない単なる意見のようなものを広めることではなかった。彼の使命は人々の心を変えることだったのである。それはご自身のように、というよりはむしろご自身の上におられる新しい創造の創始者であるお方のように、人の心を変えていくこと、つまり、ご自身の似姿とすることであって、それを成し遂げるまではご自分の使命を他の人々に委ねることがお出来にならなかったのである。それで、イエスご自身、ご自分の人格そのものに頼らざるを得なかったのだとニューマンは言うのである。

（5）　福音の宣教における人格的な影響について

以上見てきたように、福音の宣教は単なる言葉による知識の伝達ではなく、人の心を変化させるという霊的で精神的な性格を持ったものであるから、それを伝える者は言うまでもなく、聞く者もともに〈人格〉に関わることなのである。

歴史的にみれば、福音の真理はその宣教の当初から、本によってでもなく、白熱した議論によってでもなく、または地上的ないかなる組織の力や権力によってでもなく、教師であると同時に福音を実際に生きている人々の人格的な影響によって広められ伝えられていったのであった。理性の対象である真理は、書物などを通じて、時に無名で、時に無責任にさえ不特定多数の人々に伝達できるものであり、一時に何千人にも聞かせることが出来、人格とは別個のものでさえあり得る。しかし、福音の真理の伝達においては、言葉の雄弁さではなく人格そのものが手段にならざるを得ないのであり、しかもそのよき行いを見るのはごく少数の人々に限られているのである。

福音宣教における人格的な影響は、宣教者に備わっている徳の美しさとその徳から醸し出される一種の威厳にある。人々が惹きつけられ内面の変化までも招来するような影響は、ことばではなく他ならぬ福音の教師の人格の中に具現している聖性に由来するからである。

多くの人々は、新奇なことやめったにないことなどには感嘆するが、宗教が教える忍耐や自己犠牲などについてはほとんどといってよいくらい無知であり、真理の聖さや厳しさが存在することさえ知らない。そして、そうしたことを実行している人を見るときは、好奇の目差しで眺めたり、あるいは、あたかも奇跡を見ているかのような驚きの眼で凝視したりする。教養のある人々にとっては霊的で精神的な優越性は彼らにはほとんど無縁であり、演説したり本を書いたりする方がはるかに簡単なのだ。

純潔であることや単純であること、また神に対して真摯に献身することなども人々に少なからぬ影響を及ぼすものであるが、ニューマンは、神に対する単純で真摯な献身、良心的な行為などはすべて静けさの中で行われるということを強調するのである。寛大さ、自己否定または自己犠牲、忍耐など、魂の高貴な態度は普通の人には察知できないことが多く、また本人さえもほとんど意識しないであろうが、そのような態度は実は非常に高い宗教的な内面の力に依拠しているものである。それは、教養人の表した本や優れたスピーチなどとは性質の違うものである。聖なる人は自分ではほとんど学んだこともなく、または無知に近いかもしれない。しかし、その人が自然の性向に反して神のために行う一つの小さな行為や、侮辱に耐えるとか、危険に対面するとか、利益をあきらめるとかは、それ自体は受動的な性質を持ったものかもしれないが、これらの行為は単なる口での信仰宣言に優るものなのである。たとえその信仰宣言が、照らされた心と誠実さからなされたものであろうと、高貴で敬虔な信仰心と熱烈な心から出たものであろうともである。聖なる人々は普通には到達できない対象を観想しており、彼らは普通の人々が影響されるような誘惑への傾きを持たず、何か説明の出来ないものに基礎を置いていることを人々は概ね感じ取るのである。抽象的な言葉ではなく、今見ている目の前に居る人物の中で、無言のうちに語りかけているのは、理性によって作り出される言葉とは種類を異にし、聖なる存在そのもので、ある深い感情を人々の心の中にかもし出すのである。そして、そのような人を目の当たりにするとき、高慢な者は自ずと謙虚にならざるを得ないような影響を受けるのである。

徳が一貫して行われるときにも、徳は世間の不品行を抑え、神に対して人々を自然に従順な人間へと変化させていく力がある。最初は刺激を与え、興味を持たせるような業も、それが人間的なレベルであるときには、人々は次第に退屈し、そのうちに本当に頼れるもの、平和と安らぎを与える何かを求め始めるのである。だが、神の忠実な僕《しもべ》の人格の中に具現している神の言葉と約束以外に、いったいどこに不変でしかも確実なものが見出されるであろうか。私たちは具体的な事柄において、〈堅固さ〉というものにどれほど依存しているかを日常的に経験している。この世の中にはいろいろな種類の堅固さがあるが、恩寵のうちにあって、絶えず全能の神を観想している人の安定した心の外に、一体どこに〈本当の堅固さ〉があるだろうかとニューマンは問いかけるのである。

(6) 心から心に伝えられる福音

聖書はすべての人々に共有の財産として与えられている。そして、聖書は霊感を受けた書物であるといわれる。しかし、たとえそうであっても、聖書の言葉は心から心に伝えられるのでないならば死んだ文字に過ぎない。聖書の言葉を聞き、それを心で受け取り、そしてそれを生きる人は、世間においてはむしろ隠れているであろう。彼らを見る人々には、彼らは単なる知的な優越性が与えるのとは違った感情の対象となるのである。高い評価を得ている人々で、距離を置いているときには高く評価されても、近づいてみると大した人でないことがよくある。しかし、聖なる行いは無意識のうちにも人の心を魅了し、抗し難いほどのさまざまな影響を人々に与えるものである。聖なる行いは、弱い人、臆病な人、逡巡する人、そして求める人たちには確信を与え、似かよった心や考えを持つ人々からは愛情と誠実さを引き出し、物事をほとんど考えることなく片意地を張ったような人々に対してさえも、彼らを沈黙へと招きながら優れた影響を与えるのである。彼らの行いを支配しているのは神の力であって、その行いを本人は理解できなくても、人間の思いから出てきたものではなく、神から生まれた霊の原理あるいは霊の想いによるものなのである。

もし、かの〈真理の教師〉が出会った多種多様な人々が、その方の人格から受けた影響が先に述べたようなものであったとすれば、その方の模範に惹かれ、招きに応じて従っていった人々は、主ご自身が選ばれた者、一つに集められた者と呼ばれる人々である。この人々が〈地の塩〉(マタイ五・一三)となるように神の摂理において定められた人々であり、今度は彼ら自身が主の証人として次の世代へと福音を継承していくのである。彼らは最初その方の教えを絵空事のように思ったかもしれないし、その行いを突飛であるとか、彼は弱い人間であるとか思ったに違いないが、歳月が経過するにつれて、彼らの心からそのような偏見は払拭され、次第にそのお方の地上的ならざる威厳を認めていったであろう。そして、やがて人々は驚きと畏敬の心で自分たちの前に〈キリスト〉がいることに気づき、「主の僕《しもべ》において神を称える」（ガラテア一・二四）ようになるのである。そうしている間、自分たちが見詰めたあの輝かしいお姿に彼ら自身も変化していき、おのずと福音宣教を受け継いでいくように養成されるのである。そのような聖なるキリスト者は数においては少ないかもしれない。しかし、神の静かな仕事を遂行するには〈少数で充分〉なのだとニューマンは言う。

キリストの使徒とはまさにこのような人たちであった。そして彼らの聖性を継承する者たちは、彼らの光を受け取り、翻って今度は彼らが光となってそれを他の人々に伝え、世に広めていくようになる。すべてのよいものがそこから発出する光と真理の最高の創始者が目には見えないのと同じように、光の源は大方の誠実なキリスト者にさえも見えないものである。ニューマンは、高度な才能や徳などを身に付けた人々は数においてはわずかであっても、何世紀にもわたって来るべき世を救うであろうとさえ言う。そのような人は人の目からは隠れているが、灯火を高く掲げ、世を照らすのである。そしてその神聖な灯火を一人ひとりが受けとり、受け取った者は、その光が自分に届いたときと同じくらい輝かしいものとして次に送ることが出来るようにそれを目指して生き、そして次に伝えていくのである。このようにしてモリアでひとたび灯された火（創世記第二二章）は、たとえ時に消えそうになったとしても世の終わりまで決して消えることなく灯され続け、伝達され続けるであろうというのがニューマンの確信である。

神の業は常に静けさのうちに行われるものであることをニューマンは繰り返し強調している。創造の初めより創造主ご自身は人々の目には見えないように働き続けておられる。福音の教師イエス・キリストも決して目に見えるようにはこの世を支配なさらないし、歴史を見ればこれまでも比較的隠れた場所にいる人々が宗教の運命に大きな影響を与えてきたのであり、人類に偉大な恩恵をもたらしたのもしばしば知られざる人々であった。福音の真理はキリストのいのちを真にそして深く生きる隠れた本物のキリスト者たちによって、静かに〈心から心へ〉と継承されていくのだとニューマンは言う。このようなことを考えれば、たとえ時代がどのようであれ、私たちを囲む状況がどのようであれ、目先の成果に左右されることなく、内面において語りかける神の声に聞き従いつつ、身近な人々に対して善きことの手段になるよう、ことの大小にかかわらず、日常の生活、日々の仕事に落ち着いて誠実に励むことが出来るのではないだろうか。ニューマンは人の世のすべての混乱が正され、正しい人々が太陽のように輝くその日まで忍耐を持って待とうではないかという希望のメッセージでこの説教を締め括っている。たとえ少数であっても聖なるキリスト者がいる限り、世の終わりまで共にいると約束された方は、弱い者を恩寵によって強め、人々の心を変えていく福音宣教という新しい創造の業は確実にかの日まで続けられるというのである。

ところで、ニューマン自身はどのような説教者であったのだろうか。聖マリア教会でニューマンの説教を聞いた人々が書き残したものが少なからずある。学生時代にニューマンの説教を聞き、ニューマンに心酔した一人であったマシュー・アーノルドは、ヴィクトリア朝の偉大な詩人であり批評家であるが、ニューマンの説教の印象を後年次のように書いている。「ニューマンは薄暗い教会の通路を音もなく進んで説教壇にのぼり、たとえようもない魅惑的な声で静けさを破り、宗教的な音楽そのもののような爽快・甘美で霊妙な言葉と思想、それに恍惚とさせるほど韻律的な声で語り始めるのであったが、その声はほとんど聞き取れないほどで、原稿を読むときに目を上げることとさえなかった」と。ニューマンの説教は絶え間ない深い観想からの溢れであって、その説教の人を動かす力はもっぱら内容に依存し、思想そのものの持つ生命によるものであった。アーノルドは、「多感な若き日にこのような声を聞くことができた者は幸いである。それらの説教はいつまでも彼のものとして残るのだから」と言っている。生涯ニューマンとは反対の立場にあったとはいえアーノルドをひきつけたのは、ニューマンの人格だったのである。決して雄弁でもなくまた熱弁家でもなく、その風采も堂を圧することのなかったニューマンが、人々の心をとらえて離さなかったのは、まさにニューマンの人格そのものの与える影響に他ならなかったのではなかろうか。ディーン・チャーチはその著『オクスフォード運動』の中で、「ニューマンの説教は、わかりやすく、かざり気がなく、純粋で生きいきとした英語で話し、思想も表現も卓越していただけでなく、人間の品性、動機などに関する鋭い洞察を示し、同時に動揺している者に対しては、やさしく、かつ厳格な同情を寄せ、神の愛、神の尊厳、神の意志に対する熱烈な信仰をも表しているものであった。それは聞く者を説教者にひきつけるのではなく、彼の語るところの真理そのものについて考えさせるものであった」と書いている。

三　説教「友との別れ」

英国教会を去ることを遂に決心したニューマンは、一八四三年九月一八日にオクスフォードの聖マリア教会を辞任し、二四日の日曜日に聖マリア教会での最後の説教を行い、翌二五日の午前一一時からオクスフォード郊外のリトルモアの小さな教会で最後の説教を行った。リトルモアの教会で行われた「友との別れ」は、ニューマンの英国教会時代の最後の説教で、英国教会に別れを告げるものであった。

リトルモアはオクスフォードの中心部からおよそ三マイル西南西にある小さな村で信者の大部分は労働者であった。ニューマンは聖マリア教会に就任した日に同じ教区であったこの村を訪れているが、以後聖マリア教会を辞するまでの一八年間、週に数回徒歩でここを訪れ、信者の家々を回ったりしていた。しかし、ここには教会はなく、聖マリア教会に所属する信徒たちは毎日曜日にオクスフォードまで徒歩で往復しなければならなかった。そのためニューマンは週一度の集会が持てるように民家の一室を借りたが、一八三〇年一〇月二一日に母と妹二人がイフリーに、そして後にはローズ・バンクに移り住んだのでそこを拠点とした。一八三三年七月に地中海周遊の旅から帰ったニューマンは病人や老人を訪問したりしていたが、教会建設のための募金活動も始めている。主な寄付者はニューマンの母ジェマイマであるが、キーブル、ピュージー、ウィリアム・スウェルなど、オクスフォード運動のリーダーたちも支援した。一八三五年六月一五日に新しい教会が創設され、翌週の六月二一日にはニューマンの母によって教会の礎石が置かれ、翌年の九月二二日にリトルモアの教会は献堂された（母は献堂を見ることなく、五月一七日に他界している）。このとき以来この村では毎年献堂の日を特別な日として祝っているのである。

「友との別れ」の説教が行われた一八四三年九月二五日はニューマンが英国教会を正式に離脱してから一週間目であり、この教会の献堂を記念する日でもあった。友人たちをはじめ、キーブルその他オクスフォード運動の同志たちがニューマンの最後の別れの説教を聴こうと大勢詰めかけた。司式を務めたのはオクスフォード大学の俊英でヘブライ語の教授であり、オクスフォード運動の有力な同志ピュージーであった。教会堂には沢山の花が飾られ、子どもたちはみな着飾って華やいだ雰囲気で、堂内には大勢の人があふれていたが静寂そのものであったという。ニューマンは「人は仕事に出かけ、夕べになるまで働く」という詩編一〇四の言葉でこの説教を始め、地上の収穫と天上の収穫とをない混ぜにして、教会の献堂と神への奉仕における魂の献身、友人への愛とより高いもののためにその愛を犠牲にすることなど、彼がこれまで属していた教会へ語りかけていく説教であった。この詩編は、ニューマンが英国教会の司祭として叙階されて、はじめて説教壇に立った時に選んだものと同じ詩編であった。説教する彼の声は低かったがはっきりしていて、時折ながく休止することもあったという。この説教には引用が非常に多く、やっと最後に「兄弟の皆さん、心やさしく情愛こまやかな皆さん……たとえ今後その人の言葉が聞こえなくなったとしても、そういう人間がいたことだけは記憶に留め、彼のために祈っていただきたい」と別れの言葉を告げたのであった。この説教では説教者自身は背後に隠れてしまっているが、ピュージーが後から述懐しているように、決別を告げるというよりその思いを言外にほのめかしたことが却って悲しみの深さを伝えたのであり、この説教に涙せぬものはなかったという。説教を終えるとニューマンは説教壇を離れ、法衣を脱いでそれを祭壇の手すりに置き、これを英国教会の指導者を辞するしるしとしたのであった。

「友との別れ」（The Parting of Friends）邦訳

「人は仕事に出かけ、夕べになるまで働く」（詩編一〇四・二三）

神の創造の初子《ういご》であられた〈人の子〉は、人間としての生の最後の夜を迎えられたとき、祝宴を開いて弟子たちとの別れを惜しまれました。主は「一日の労苦と暑さ」（マタイ二〇・一二）を耐え忍ばれましたが、「旅に疲れた」とき、井戸のかたわらに足をとめ、喉をうるおす一杯の水を乞われた（ヨハネ四・七）のです。なぜなら主には、ほかの人々の「知らない食べ物」がおありでしたから。その食べ物とは、「私をつかわされた方の御旨を行い、その業を成しとげる」（同四・三二、三四）ことでした。「私は、私を遣わされた方の業を、まだ日のあるうちに行わねばならない」と主は言われました。「誰も働くことのできない夜が来るから」（同九・四）と。主の宣教の時期はこのようにして過ごされました。ファリサイ人や収税人と食事を共にされたのも、神の業を普通以上に力をこめて果たされるためだったのです。しかし「その夜が来たとき、十二人といっしょに食卓につかれた」（マタイ二六・二〇）のでした。そして彼らに、「苦しみを受ける前に、あなたたちと共にこの過ぎ越しの食事をしたいと切に願っていた」（ルカ二二・一五）と言われました。主は、人間がこれまで経験したこともなく、これから経験することもないほどの苦しみに、立ち向かおうとしておられたのです。

しかし主の悲しみのなかには陰気なもの、野卑なもの、激越なもの、利己的なものは少しもありませんでした。それはやさしく、思いやりに満ちた、親しさあふれる悲しみだったのです。主はまるで、最初の試練の皮膚病にかかって灰のなかで体じゅうをかきむしっているヨブのようであられたのに（ヨブ二・七―八）、友をまわりに呼び集め、かたわらに留まって自分が苦しむ姿を見るようにとお命じになります。主は彼らの同情を求め、彼らの愛のなかに逃れたもうのです。まず彼らをもてなし、そのあと共に賛美歌を歌い、そして彼らの足を洗われました。やがて主の長い試練が始まったとき、主は彼らを見つめ、主の近くにとめおかれましたが、遂に彼らは、恐怖のあまり逃げ出します。それでも主の目差しは、最後まで残った聖母マリアと聖ヨハネの上になおも注がれていました。また、離れたところで主を否んだ聖ペトロは、突然主の視線を受け、深い痛悔に身をよじったのです。ああ、教会が存続するかぎり、あらゆる試練と、その試練のもとで果たすべきこととの、何というすばらしい模範であることでしょうか。

今日の私たちには、これほど崇高な教訓、これほど厳粛な慰めの必要はありません。そういうものを必要とするほどの苦しみも悲しみもないからです。しかし、今朝の礼拝でこの点に注意が喚起されてみると、たとえ私たちをはるかに超えた事柄であるにせよ、この今の季節という条件のもとでは、おのずと思索を促されます。なぜなら今、夕べの影が大地に落ち、一年の労働が終わろうとしているからです。七旬節の主日の福音書朗読では、労働者がぶどう園に送られ、六旬節の主日の福音書朗読では、種蒔く人が種蒔きに出かけました。その季節は終わったのです。「刈り入れのときは過ぎ、夏は終わり」（エレミヤ八・二〇）、ぶどうは収穫されました。私たちは、神の最小限の慈悲にさえ値しない者として謙り、四季大斎日を地の実りのために守ってきました。そして今私たちは、その穀物とぶどう酒を、償いの供え物として献げ、おさがりを感謝のうちに賞味するのです。

「すべてはあなたからいただいたもの、私たちは御手から受け取ったものを差しだしたに過ぎません」（歴代誌上二九・一四）。雨が雨の季節に降り、太陽が煌々と照り輝き、大地が沃土に覆われるのは、すべてあなたの賜物なのです。私たちは、あなたから与えられるものをお返しするだけです。「あなたがお与えになるものを彼らは集め、あなたが御手を開かれれば彼らはよいものに満たされる。あなたが御顔を隠せば彼らは恐れ、あなたが彼らの息吹を取りあげれば息絶え、元の塵に返る。あなたは息を送って彼らを創造し、地の表を新たにされる」（詩編一〇四・二八―三〇）。主は与え、主は取りたもうのです。「私たちは神から幸福をいただいたのだから、不幸もいただこうではありませんか」（ヨブ二・一〇）。主が「自分のものを自分のしたいようにしてはいけない」（マタイ二〇・一五）のでしょうか。主のものである太陽は、昇り、かつ沈んではいけないのでしょうか。朝を迎えるために、まず暗闇が訪れてはいけないのでしょうか。空の明るさがいや増すために、まず暗さが増してはいけないのでしょうか。なし得ないことのない主が、闇のなかにも光が立ちあらわれるようにおできにならないと言うのでしょうか。「おお主よ、夜ともなればあなたの御名を唱え、あなたの律法を守ります」（詩編一一九・五五）。「主よ、あなたは私の灯を輝かし、神よ、あなたは私の闇を照らしてくださる」（同一八・二九）。もしくは預言者の言うように、「夕べになっても光がある」（ゼカリヤ一四・七）のです。

「すべてはあなたからいただいたもの」と聖なるダビデは言いました、「なぜなら私たちは、先祖同様、あなたの御前では寄留民、移住者に過ぎないからです。この地上での私たちの人生は影のようなもので、永続するものは一つもありません」（歴代誌上二九・一四―一五）と。すべては空しく、空の空、風を追うようなものなのです。「太陽のもと、人は労苦するが、すべての労苦も何になろう。一代が過ぎれば、また一代が起こり、永遠に耐えるのは大地。日は昇り、日は沈む。……何もかも労苦に満ち、言葉にすることもできない。……歪みを直すこともできず、足りないものを数えることもできない」（コヘレト一・三―五、八、一五）。「何事にも季節《とき》があり、あらゆる出来事にはすべて定められた時がある。生まれる時、死ぬ時。植える時、植えたものを抜く時。殺す時、癒す時。壊す時、建てる時。……手に入れる時、失う時。取り置く時、捨て去る時が」（同三・一―三、六）。神の恵みに祝福され、神の恵みに伴われているのでないかぎり、どのような時も、事も、動きも、力も、人間の意志も、何と空しいことでしょうか。私たちの労苦、思い、煩いのいずれも、もし神の息がかからず、神が利用したもうのでなければ、何と空しいことでしょう。それらのいずれもが、もし神の栄光をあらわすためでもなく、〈与え主〉にお返しするというのでもなければ、不毛に終わるほうがまだましでしょう。「私たちは御手から受け取ったものを差しだしたに過ぎません」と王である詩編作者は、神殿の材料を集め終えたあとで言っています。「この工事は大がかりで、この宮は人のためではなく主なる神のためであるから、私は、私の神の神殿のために力いっぱい準備してきた」。金、銀、青銅、鉄、木材、「縞めのう、象眼用の飾り石、淡い色の石、色彩豊かな石などあらゆる種類の宝石と大量の大理石を」（歴代誌上二九・一―二）。そして「民は、彼らがみずから進んで献げたことを喜んだ。……ダビデ王も大いに喜んだ」（同九）のです。

私たちも毎年この時期になると、神を礼拝するようにと神から与えられたこの聖堂を記念して、私たちの業と信仰に応じた程度で、神の御前に喜ぶことができました。私たちがはじめてここに集まったときの歓喜――それを覚えている方々もたくさん出席しておられます。その歓喜は一度も途切れず、記念の日がめぐってくる秋ごとに、新たにされました。「その日を祝いの日と定め、宴会を開いてその日を楽しみ、たがいに贈り物をした」（エステル九・一九）のです。私たちはこれまで、心楽しくこの祝日を祝ってきました。丸七年のあいだ、「申し分ない終わり」に至るまで祝いつづけたのです。そこで今、たとえあわただしくはあっても、またにがな若菜を食べ、腰帯を締め、杖を手にしてではあっても（出エジプト記一二・八、一一参照）、「この地上に永続する都を持たず、来るべき都を探し求める人々」（ヘブライ一三・一四）のように、今日も祝いましょう。

ヤコブが杖を手にしてヨルダン川を渡ったときも、同じようでした。彼も、その辛い旅に出発するにあたり、祝宴を張ったのです。そして父の祝福を受けて、遠い旅路につきました。別れた母の顔は二度と見ることなく、その声をふたたび聞くこともありませんでした。心から愛するすべての人たちに別れを告げ、未知の国を目ざしたのです。食べるパンがあるだろうか、着る服があるだろうかと心配しながら、「東方の人々」(創世記二九・一)のところへ来て、きびしい主人に二十年間仕えました。「昼は日照りに、夜は寒気に悩まされ、眠りもままならなかった」(同三一・四〇)のです。おお、父母に見捨てられたヤコブが、日が沈んで夜が来たベテルの荒地で眠ろうと横になったとき、彼は、神の家と天の門がすぐそこにあり、主がその場におられて、どこへでも彼についていこうとされていることなど、ほとんど思いもよりませんでした。しかし結局神は、かつては独りわびしく川を渡ったヤコブを、人間や家畜を「二組に分ける」(同三二・八)ほどの身分にして、川へ連れ戻されたのです。

イシュマエルの場合も同様でした。祝宴は彼にとって祝福ではありませんでしたが、それでも父の天幕のなかで祝宴を行ったあと、追放されたのです。やさしい父は、妻のサラに息子(イサク)が授かると約束されたとき、全能の保護者である神に向かい、「どうかイシュマエルが、御前に生きながらえますように」(同一七・一八)と叫んだのでした。そしてその父が、祝宴の翌日、神の導きのままに、「朝早く起き出で、パンと水の革袋を取ってハガルに与え、背中に負わせて子供を連れ去らせた」のです。「ハガルは立ち去り、ベエル・シェバの荒れ野をさまよった」(同二一・一四)のでした。気性のはげしい子供イシュマエルは、宴会ならぬ渇きと疲れと砂漠の放浪を味わったとき、これがイシュマエルの終わりではなく始まりであるなどとは、とても思えませんでした。またハガルも、「革袋の水がなくなると、子供を一本の灌木の下に寝かせ、子供の死ぬのを見るのは忍びないといって、矢が飛ぶ距離ほど離れ、子供のほうを向いて座りこんだ」ときには、イシュマエルの将来について何も悟っていませんでした。「彼女は子供のほうを向いて座ると、声をあげて泣くばかり」（同二一・一五―一六）だったのです。

ナオミも同じようでした。もっとも彼女の場合は、立ち去ったのではなく、郷里に戻ったのであり、飢饉の地にではなく、豊穣の地に移ったのですが。彼女はもと、苦しい時代に故郷を離れ、敵側の人々のあいだに友人を見出し、親戚を作ったのでした。そして夫と二人の息子に先立たれたとき、かつてはイスラエルの悩みの種であったモアブの婦人たちが、彼女のやもめ暮らしを支え、慰めてくれたのです。以前、選民であるイスラエルが、モアブの娘たちに誘われて、共に犠牲を献げ、「彼女たちの神々を拝み、イスラエルがこうしてペオルのバアルを慕ったので、主の憤りがイスラエルに向けられた」（民数記二五・二―三）ことがありました。それから何世紀も経ち、今ではナオミが、二人の息子の嫁であったモアブの女たちの母親になっています。しかもナオミは、彼女たちの国を心から愛していたのです。それなのに、どうしてもベツレヘムに帰らねばならない事態となりました。「ナオミはモアブの地で、主がその民イスラエルを顧みて食べ物をお与えになったことを聞いた。そこで彼女は、住み慣れた場所をあとにし、二人の嫁もいっしょに、ユダの国に戻って行った」のです。

その道々、頼るものとてないやもめナオミの心の葛藤はたいへんなものでした。二つの道のいずれを取るべきか。過ぎ去った幸福のなごりともいうべき異教徒の嫁たち、彼女が頼りにできるのはこの二人だけですが、はたして彼女たちを、自分同様頼りないやもめの境遇に置き去りにすべきでしょうか。それとも、たとえ守ってはもらえなくても、少なくとも共に苦しむ仲間として、自分の郷里に連れて行くとしたら、それは利己的に過ぎるでしょうか。助けてもらえるわけでもないのに、同情を求めていいのでしょうか。彼女たちに家庭を与えることはできないのに、彼女たちから家庭を奪っていいのでしょうか。思い悩んだ末に彼女は言いました――「さあ、二人とも、お里に帰りなさい。あなたたちは、死んだ息子たちにも私にも、よく尽くしてくれました。どうか主がそれに報い、慈しみを垂れてくださいますように」と。この言葉を受けて、長男の嫁のオルパはナオミのもとを去り、次男の妹のルツはあとに残り、ナオミの心は千々に乱れたのです。いったい二人のうちのどちらが彼女をいっそう苦しめたでしょうか。苦痛を与えたオルパでしょうか、それとも、重荷となったルツでしょうか。「二人はまた声をあげて泣いた。オルパは姑に別れの口づけをしたが、ルツはすがりついて離れなかった。ナオミは言った――ごらんなさい、あなたの相嫁《あいよめ》は自分の民、自分の神々のもとへ戻って行きます。あなたもあとを追って行きなさい、と。しかしルツは言った――あなたを見捨て、背を向けて帰れなどと、そんなひどいことを強いないでください。私はあなたの行かれるところに行き、お泊まりになるところに泊まります。あなたの民は私の民、あなたの神は私の神。あなたの亡くなるところで私も死に、そこに葬られたいのです。死んでお別れするのならともかく、それ以外のことであなたを離れるようなことをしたら、主よ、どうか私を幾重にも罰してください、と」（ルツ一・四―一七）。

オルパはナオミに口づけして彼女の世界に戻って行きました。その別れは悲しいものでしたが、ナオミの悲しみは、自分のためよりも、オルパのためのものでした。苦痛はあったでしょうが、それは傷の痛みであって、哀惜の慕情ではなかったのです。ちょうど、友人に期待を裏切られ、思ったほどの人間ではなかったと知ったときに感じる苦痛のようなものでした。オルパの口づけは、あふれる愛のしるしではなく、言葉なめらかに愛を語る人のうつろなしるしに過ぎず、別離に伴う面倒と不愉快をできるだけ避けようとする方便だったのです。彼女の涙は愛情の澱《おり》のようなもので、もう姑とは縁切りだと、これを最後に抱擁をしたのでした。

それに比べると、『ルツ記』に続く『サムエル記』が伝える、信心深い二人の友人の涙と抱擁は、ずいぶん違ったものです。彼らは偽りのない真実の心で愛し合っていたのですが、ただ人生の道筋がずれてしまったのです。

もしオルパに口づけされたときのナオミの悲しみが大きかったとすれば、ヨナタンの「魂は最初からダビデの魂に結びつき、ヨナタンは自分自身のようにダビデを愛した」（サムエル上一八・一）と言われるヨナタンと別れるときのダビデの悲しみは、どれほどのものだったでしょうか。「あなたを思って私は悲しむ、兄弟ヨナタンよ」と彼は言っています、「あなたは私にとってまことの喜びでした。あなたの愛は、女の愛にもまさるすばらしいものでした」（サムエル下一・二六）と。「紅顔の美少年で、竪琴をたくみにかなでる上に、勇敢な戦士で、戦術の心得もあり、言葉に分別がある」（サムエル上一六・一二、一八）と言われた若者にとって、これらのすぐれた賜物があればこそその心を勝ち取った忠実な親友が、これを最後に彼を見つめたとき、その悲嘆はどれほどのものだったでしょうか。もし憐れみそのものにまします神のお望みでなかったのなら、これほどの親友同士が、友として神の家にいっしょに歩み入ることがかなわないとは、何という苛酷な宿命なのでしょう。ダビデは荒野にのがれざるを得ず、ヨナタンは父の家で思い悩むことになります。ついにはヨナタンは厳しい父と共に戦死し、ダビデは空位を襲って王座につくはずです。それでも二人は、別れにのぞんで、約束しました。「そのとき私にまだ命があっても、死んでいても、あなたは主に誓ったように私に慈しみを示し、また主がダビデの敵をことごとく地の面から断たれるときにも、あなたの慈しみを私の家からとこしえに断たないでほしい。……またヨナタンは、ダビデを自分自身のように愛していたので、さらにその愛ゆえに彼に誓わせた」。そして、ダビデが身をかくしているあいだに、父サウルがダビデのことをどう思っているかと探りを入れ、「父がダビデを殺そうと決心していること」を知ると、「はげしく怒って食事の席を立ち、新月の二日目は食事を取らなかった。父がダビデを罵ったので、彼のために心を痛めたからである」。

そして翌日の朝、彼はダビデの隠れている荒野に出かけて行き、そこで二人の最後の出会いが行われたのでした。「ダビデは南のほうから出てきて、地にひれ伏し、三度礼をした。そして二人はたがいに口づけし、共に泣いた。ダビデのほうがはげしく泣いた。ヨナタンはダビデに言った――安らかに行きたまえ。ぼくたちは、二人のあいだに、また、たがいの子孫のあいだにも、主がとこしえにおられるように、主の御名によって誓い合ったのだから、と。ダビデは立ちあがって去り、ヨナタンは町へ戻った」（サムエル上二〇・一四―四二）。

ダビデが愛情をそそいだ相手はただ一人でしたが、聖書に登場する別の人物は、千人の友をもち、その一人ひとりを自分の魂のように愛し、彼らのうちに千の生を生き、別れにあたっては千の死を死んだようでした。この人物、兄弟たちが泣く姿を見てはその胸も張り裂けた偉大な使徒聖パウロは、「彼らがしっかり主に留まっているなら自分も生きている」（一テサロニケ三・八）と言い、「自分は弱くても、あなたがたが強ければ嬉しい」（二コリント一三・九）と言い、「いとおしさのあまり、自分の魂さえあなたがたに喜んで与えたいほど」（一テサロニケ二・八）だと言ったのです。それでも彼は、各地の教会に対し、もう二度と会えないであろうと、別れを告げます。あるとき婦人たちや子供たちと別れを告げた様子を福音史家が次のように伝えています――「滞在期間が過ぎたので、そこを去って旅を続けることにした。弟子たちは妻子を連れて町はずれまで見送りに来てくれた。そこでいっしょに浜辺に跪《ひざまず》いて祈り、別れの挨拶を交わし、私たちは船に乗りこみ、彼らは家に戻って行った」（使徒言行録二一・五―六）と。

また別のときには、教会の長老たちに別れを告げて、こう言いました――「私はあなたがたのあいだに神の王国を宣べ伝えてきましたが、もうこれであなたがたは二度と私の顔を見ることはないでしょう。ですから今日はとくにこのことを申しておきます。誰の血についても私には責任がありません。というのも、私は神の御計画について包みかくさずすべてあなたがたに伝えたからです。……私は、他人の金銀も衣服も欲しがったことはありません。……私は、あなたがたも弱い者を助けるように働き、受けるよりも与えるほうが幸いであるという、主イエスの言葉を忘れないようにと、身をもって手本を示したつもりです」と。そして、話し終わるとパウロは、「皆といっしょに跪《ひざまず》いて祈った。誰も彼もがはげしく泣き、パウロの首を抱いて、口づけした。とりわけ彼が、もう二度と自分の顔を見ることはないであろうと言ったことに、悲しみを深くしたのである。人々は船まで彼を見送った」（使徒言行録二〇・二五―三八）。

さらに、彼の「信仰によるまことの子」テモテ（一テモテ一・二）に別れを告げたときには、死を間近にしていることもあって、穏やかさを増した言葉で、いっそう印象ぶかく、こう語っています――「私自身は、すぐにでもいけにえとして献げられる覚悟ができており、この世を去るときが近づきました。私は戦いをりっぱに戦い抜き、定められた道を走り通し、信仰を守り抜きました。今はもう義の栄冠を受けるばかりです。正しい審判者である主が、その日にそれをお授けくださるでしょう」（二テモテ四・六―八）と。

こういう事例はいずれも、〈人の子〉の業と労苦が終わりを迎えようしたときの予兆と記念にほかならないのではないでしょうか。ヤコブのように、イシュマエルのように、エリシャのように、また、生涯の仕事を終えたばかりの福音史家のように、主は別れに先立ち宴を開かれました。そして、ダビデのようにイスラエルの支配者たちに迫害され、ナオミのように友人たちに見捨てられ、イシュマエルのように日照りの荒野で「われ渇く」（ヨハネ一九・二八）と叫ばれ、あげくにヤコブのように、日没後、石を枕に眠りにつきたもうたのでした。そして聖パウロのように、「行うようにと神から与えられた業を成しとげ」（同一七・四）、「りっぱな宣言によって証《あかし》をされた」（一テモテ六・一三）のです。しかも、聖パウロを超えたもうたことには、「この世の支配者が来たが、彼をどうすることもできなかった」（ヨハネ一四・三〇）のでした。

「彼は世にあり、世は彼によって成ったが、世は彼を認めなかった。彼は自分の民のところに来たのに、民は彼を受け入れなかった」（同一・一〇―一一）。去って行かれる主の心は重く、主を拒む国と町を思って胸を痛められました。「エルサレムに近づき、都が目にはいったとき、イエスはその都のために泣いて、言われた――もしこの日に、お前も平和への道をわきまえていたなら！　しかし今は、それがお前には見えない」（ルカ一九・四一―四二）と。また別の機会には、「ああエルサレム、エルサレム、預言者たちを殺し、お前自身につかわされた人々を石で打ち殺す者よ、めん鳥が雛を羽の下に集めるように、私はお前の子らを何度集めようとしたことか。だが、お前たちは応じなかった。見よ、お前たちの家は見捨てられる」（同一三・三四―三五）と嘆かれたのです。

このようなことは、疑いもなく、主の名が記憶されているあらゆる場所で、世の終わりに至るまで、私たちすべてにとっての教訓であり、警告です。私たちが神の恵みをおろそかにしないように、御言葉に対する信仰を失わないように、御業を素直に受け入れるように、御慈悲に感謝を忘れないようにと、戒めてくださっているのです。――おお、聖人たちの母、賢者たちの学舎《まなびや》、勇者たちの乳母よ、真理を外に広め、または内にそれを守り、その模範となった古き人々の名は、すべてあなたから出て、あなたのうちに留まっていたのです。おお、周囲の国々に明かりが灯されたのはあなたのおかげ。おお、イスラエルの乙女よ。なぜあなたは今、油を持たずに花婿の到着を待ち受けた愚かな乙女たちのように、座りこんで、一言も口をきかないのですか。今いったいどこにいるのでしょうか、シオンの支配者は？　神殿の博士は、カルメル山の隠者は、荒野の先駆者は、市場の説教者は？　あなたが人知れず捧げた「力あふれる効果的な祈り」（ヤコブ五・一六）は、また記念として神に献げられるあなたの施しや善業は、いったいどこにあるのでしょう。ああ、かつての聖なる国が、「地は嘆く。穀物は略奪され、ぶどうは枯れつくし、オリーブは衰えたからだ。……人々の楽しみが枯れ果てたからだ」（ヨエル一・一〇、一二）といわれる事態を迎えたのは、いったいどうしてでしょうか。「ああ恐るべき日よ。……家畜が何といううめき方をするのか。牛の群れがさまよい、羊の群れが苦しむのは、牧草がどこにもないからだ」（同一・一五、一八）「レバノンは辱められて、切り倒され、シャロンは荒地となり、バシャンとカルメルは実をふるい落とす」（イザヤ三三・九）。

ああ、私の母よ、あなたにはよいものが豊かに与えられているのに、それを保つことができず、子供たちを産みながら、あえて自分のものとされないのは、いったいどうしてなのでしょう。彼らの奉仕を活用する腕も持たず、彼らの愛を喜びとする心もお持ちでないとは、いったいどうしてなのですか。あなたの花、あなたの約束である、おおらかな計らい、やさしく深い祈り――それらがあなたの胸から消え、あなたの腕に留まらないのは、どうしてなのでしょう。いったい誰があなたを「子を産めない胎《たい》と枯れた乳房」（ホセア九・一四）の持ち主とし、身内に対しては疎遠で、子らには冷酷な目差しをそそぐ者としたのでしょうか。あなたの胎《たい》の実りである、ほかならぬあなた自身の子孫が、あなたを愛し、あなたに尽くそうとしているのに、それをあなたは、まるで不吉なものであるかのように、不安な目差しで見つめ、罪であるかのように、忌み嫌うのです。あなたはせいぜい、彼らからできるだけ容易に手を引けるようにと、彼らのことはただ我慢し、冷静さを保ち、警戒を怠らないというだけで済ましています。その我慢の条件として、あなたは彼らを「一日中何もしないで立た」（マタイ二〇・六）せておくか、もっと歓迎してくれるところへ行くように命じるか、あるいは、通りすがりの見知らぬ人にただで売ってしまわれます。いったい、結局どうするおつもりなのですか。……

聖書はいつでも、困ったときの頼りです。ただ、度を過ぎた利用に走るとか、身を守る以上のことを求めるとか、そんなことにならぬように用心せねばなりません。私たちの間尺に合った使い方をしましょう。聖書は、私たちの必要をはるかに超えた高さと広さをそなえており、聖書の言葉は、私たちの感情をあらわすと同時にそれを隠します。聖書は神聖で、天国的なものであり、人間の感情を認めはしますが、同時に制約を加え、浄化するのです。ですから、兄弟の皆さん、「いつも神を誉め讃えていなさい。あなたがたのためにしてくださった数々の恵みのために、すべての人の前で神に感謝しなさい。神に感謝し、その御名を讃え、その御業を、ふさわしく示すのはすばらしいことです。ですから、神への感謝をためらってはなりません」（トビト一二・六）。「主の御業はすべてよく、時に応じて必要なものをすべてくださいます。ですから、これはあれより悪いといってはいけません。時が来れば、どんなものもそのよさが証明されるからです。それゆえ、心と口のすべてを尽くして神に感謝し、主の御名を讃えなさい」（シラ三九・三三—三五）。

「怒りを解き、憤りを捨てよ。悪を避け、善を行え」（詩編三七・八、二七）。「善業に励めば、災いに遭うことはない」（トビト一二・七）。「あなたの道を行き、喜んであなたのパンを食べ、楽しい心であなたの酒を飲むがよい。神があなたの業を受け入れていてくださる。どのようなときも純白の衣を着て、頭には香油を絶やさないように」（コヘレト九・七—八）。

ですから、兄弟の皆さん、心やさしく、情愛こまやかな皆さん、ああもし、皆さんがそのように振る舞えるようにと、書き物なり言葉なりで、少しでも助けてくれた人がいたことにお気づきだったら、またもしその人が、皆さんがご自分たちについてご存じのこと、ご存じないことを語り聞かせ、また、皆さんが望んでおられること、感じておられることを読み聞かせ、そうすることで皆さんを慰めてきたとしたら、またもしその人が、日常の営みを超えた崇高な生活のあること、眼前の光景を超えた燦然たる世界があることを、皆さんに実感させたとしたら、あるいは皆さんを励ましたり、落ち着かせたり、尋ねる者には道を開き、悩める者には慰めを与えたとしたら、またもし、その人の言うことなすことが彼に対する関心をかき立て、好ましい人物だと思うようになられたとしたら、たとえ今後その人の声が聞こえなくなったとしても、そういう人間がいたことだけは記憶に留め、彼のために祈っていただきたい――すべてのことにおいて彼が神の御心を悟り、いつ何どきでも、その御旨を果たすことができますようにと。

第4章　人と人との出会いの場である大学

はじめに

一九世紀の英国では中産市民階級が勃興したことは周知のとおりであるが、それにともなって知識・教養に対する一般市民の要求は増大し、教養は社会的地位を得るための功利的手段ともなっていた。しかし、アイルランドのカトリック信徒は人口の大部分を占めていたにもかかわらず、社会的には不利な状況に立たされていたのである。こうした時代背景の下にあって、カトリック信徒にもプロテスタント信徒と同等な高等教育の機会を与えるにはカトリック大学の設立が急務であると考えられたのである。アイルランドの司教団がローマ・カトリック教会へ転籍して間もないニューマンをダブリンに創設しようとしていたカトリック大学の総長に任命したのは一八五一年一一月一二日であった。ニューマンの名は英国教会の説教者としてもオクスフォード運動の精神的指導者としても英国国内に知れ渡っていたから、彼のカトリックへの転籍は英国社会に大きな衝撃を与えたことは当然であるが、同時に彼の転籍は、それまで英国で低く見られていたカトリック教会と信徒の社会的地位の向上にも少なからぬ影響を及ぼすであろうと、アイルランドの司教団がニューマンのカトリック大学の総長としての任に大きな期待を寄せたのもまた当然のことであった。

ニューマン自身、オクスフォードの大学で伝統的な教養教育を受け、かの地にあったときから大学というものは何であり、何であるべきかを考え続けていたが、彼は研究機関としての大学と人間性を高める教育の場としての大学とは区別して考えていた。ニューマンは、人格形成の場としての大学は人文ないし古典教育を中心とした教養教育であるべきことを主張するが、それをキリスト教的な人格形成とどのように結び付けるかを常に念頭においていたことはいうまでもなく、このことは彼が『大学の理念』において、神学と一般教養との関連の考察にかなりのスペースを割いていることからも明らかである。しかし、高等教育に対するニューマンの理想と改革への情熱は理解されなかったばかりか、彼に反対し続けたのはほかでもない彼を招いた司教たちであった。ダブリンの主座大司教（後の枢機卿）ポール・カレンはローマにあるアイルランド神学校の元校長で、豊かな学殖と熱心な信仰の持ち主ではあったが、彼自身大学の経験はなく、彼には大学についてのニューマンの考えはあまりに世俗的学問を強調しすぎると思われ、更に他の誤解も手伝って、結局彼は英国教会からの転籍者ニューマンを信用することができなかったのである。ニューマンが総長職に留まったのはわずか七年で、総長としての役割を果たしたのは実質四年間だけであった。しかもそれは失敗と挫折の連続であった。とはいえ、ニューマンはこの七年間に教育の高邁な理念を語る古典的名著『大学の理念』を残したのである。

一　ニューマンの大学論について

ニューマンは大学創設の準備段階からその建学の精神となるべき教育の基本的理念を語る講演をしていたが、一八五二年に総長に就任するや九回の連続講演を行って、大学教育の目的と性質に関する自らの教育理念を披瀝した。『大学の理念』は主にこの九つの連続講演からなっているが、その中心となるのは五番目の「自己目的としての知識」と六番目の「知識と学知」である。これらの講演でニューマンは、いわゆる〈実用教育〉とは対照的な〈叡智〉へ達する手段としての〈知識〉など、教養教育という独自の大学理念を示している。これには後に第二部として「キリスト教と文学」、「キリスト教と科学研究」、「キリスト教と医学」など十篇の独立した特別講義が続くが、それらはニューマンがさまざまな機会に多様な主題について講演したものである。これらの二種類の講演は一八七三年になってようやく『大学の理念』（*The Idea of a University*）の題名のもとにまとまったのである。また、ニューマンは総長に就任するや『カトリック大学報』（*Catholic University Gazette*）を創刊し、毎号の論説でアテネから始まる西欧の高等教育の起源と発展の跡づけを試み、大学というものが本来何であったかを歴史的に解き明かし、大学はどうあるべきかという大学の役割と目的についての理念および見解を明らかにしようとした。それらの論説は一八五六年一一月に『大学の任務と役割』（*The Office and Work of University*）と題して出版された。これは一八七〇年から一九〇七年まで版を重ねたが一八七二年には三巻からなる『歴史素描』（*Historical Sketches*）の第三巻に「大学の興りと発展」（*The Rise and Progress of Universities*）と題して収められた。『大学の任務と役割』から「大学の興りと発展」へとタイトルが変わったのは、論説を書き進めていくうちに歴史的側面をより強調するようになったためと思われる。しかし、ニューマンはいわゆる大学発展の歴史を書いたのではなく、あくまでも大学の起源をたどることによって、大学のあり方についての自己の理念を述べようとしているのである。

先に述べたとおり、ニューマンの大学論は人文ないしは古典教育を中心とした教養教育とキリスト教的人格形成との統合を目指しており、西欧のキリスト教文明の伝統を踏襲するもので、教育の本来の目的、その原理と理想を述べた大学教育の理念の精髄を表す普遍性のある教育論である。本章では上に挙げたテキストの一部、すなわち『歴史素描』第三巻からは「大学の興りと発展」に関する章を、『大学の理念』からは主として「自己目的としての知識」、「知識と学知」および「知識と職業的技能」の章を取り上げて、まずニューマンが大学教育の原点とみなしているところは何かを解明し、次いで、ニューマンが大学における教育の目的としているところを考察して、彼が理想とした大学本来の姿を素描してみたい。

二　大学教育の原点

（1）大学の興り

学術の研究および教育の最高機関として、私たちが今日〈大学〉と称しているところは、西欧世界においてはその発生においてストゥディウム・ゲネラーレ（Studium Generale）と呼ばれていたところがそれにあたり、英語では School of Universal Leárning つまり、一般的教育機関を指すとニューマンは考える。この言葉は、「あらゆる地方から」「あらゆる分野の知識」を探求する教師と学生が「ひとつの場所」へ集まってきたということを意味するから、大学とは基本的にさまざまな地方出身の教師と学生からなる共同体で、あらゆる分野の知識を探求し学ぶ場である。このことから大学はその本質において、広域から集まった人間の共同体であり、集まった人々は互いに人格的に交わることによって知識や思想を交流し伝達しあう場であるといえる。したがって、ニューマンの大学論では、その発生の時点において、まず人と人との出会いと交わり、つまり、人格的な交流が強調される。それは何よりもまず、教師と学生、そして学生同士の人格的な出会いの場であり交わりとしての共同体である。また、大学という共同体だけではなく、さまざまな学会や学術的な集会に参加して知識・思想・意見などの交換をするとき、自分自身の知性が磨かれ拡大されるのを経験し、学問への刺激をうけるのであるから、大学外での人々の出会いによる知識・思想・意見の交換も学問の進展のためには必須である。もちろん、人格的交わりというのは大学に限定されるものではなく、人間の相互教育は社会全般で絶えまなく行われている普遍的な現象であることはいうまでもない。

人間の相互教育は、はっきりとした目的を持って行われる場合もあれば、無意識のうちに自然に行われることもあるが、その方法には概して二つがある。ひとつは〈書き言葉〉、つまり、文字による知識・思想の伝達であり、もうひとつは〈口頭による教育〉である。文字による教育の典型はもちろん書物によるものである。書物は真理の記録であり、真理を伝える手段であり、書物によって思想や真理が広く世界の隅々にまで到達する。しかし、多岐にわたりまた複雑化している各分野の知識を、正確にまた十分に満足するまで習得したいならば、生きている人物に接して直にその肉声に耳を傾けるのが最上の方法である。書物は質問のすべての細かい点にまで答えてはくれないし、話し手の目・顔つき・言葉のアクセントや微妙なニュアンスなどを通じて心に語りかけるその人独自の精神やデリケートな特徴などを伝えることもできないからである。それは、ちょうど語学を習得したい人が実際にその言葉が話されている場所へ行こうとしたり、芸術を学びたい人が立派な芸術家に師事しようとするのに似ていて、人間に直に接して学ぼうとすることは、源泉そのものに赴くことに他ならない。弟子と師との出会いの場では、師の人格的な影響と弟子の学ぼうとする謙虚な姿勢は共鳴しあい、そこに互いを結ぶ純粋な絆が生じるのである。生きている人間と出会うとき、相手の顔の表情の変化や声の調子から、相手の心の中の喜び、悲しみ、恐れ、愛、憎しみなどさまざまな感情まで伝わってくるのを経験する。そのとき相手の顔を見、声を聞いているのだが、顔や声は単なる手段に過ぎず、私たちが実際に伝達しまたは受け取っているのは目には見えないその人の感情や思想であり、ある意味ではその人自身ともいえる。このとき顔や声が感覚に対して働きかけているのではなく、精神または魂が直接相手の精神と魂に語りかけているのである。相手の考えや思想はどのようにして伝わってくるのかについて私たちはあまり考えないし、実際のところその過程はほとんどわからないのだが、それにもかかわらず、確かに精神は精神に、魂は魂に、目には見えずまた意識にも上らない個々の人格に、不完全ではあっても直接語りかけるのを私たちは直感的に経験するのである。換言すれば、口頭による教育は書物による学習からだけでは決して得られない人格と人格との出会いによる生きた伝達を可能にし、人と人とを結びつける絆を生み出すのである。そこには書物の源泉である人そのものがおり、その人を求めて人々は集う。そして、人と人との人格的出会いがあるとき、そこには人と人とを結びつけるいわばひとつの世界ともいうべきものが自然に生まれ、教育は自然に行われるのである。ニューマンはそのような場所は一種の巡礼地のようなものとして人々を惹きつける学問の中心地となっていったのだという。幾多の艱難辛苦に耐え、書物や知恵の源泉である人間そのものとの出会いを求めて、はるか遠くの地まで出かけていく若者の姿を、ニューマンは「本当によい商品を手に入れるためにはどんな労苦をもいとわず、地の果てにまでも出かけていく商人」の姿にたとえているが、彼はそこに大学の起源を見るのである。

大学はその本質において、広域にわたるさまざまな地方から集う教えるものと教えを受けるものとが、人格的な影響という手段によって、知識や思想を伝達し交流する中心地である。そこでは真理が追究され、時に知性同士が衝突することがあっても、誤りが是正され、発見がなされ、常に真理の探究が前進していく場なのである。

（２）大学発生の原点としての人格的影響

ニューマンは大学の本来の姿を語ろうとするときに、まずもって西欧文学のふるさとであり、西欧文明の源泉であり、さらには西欧における〈大学〉の発祥の地であるアテネへ、そしてアカデモスの森へと帰っていき[1]、そこから大学発展の歴史をたどる。アテネはヨーロッパ大陸の東の果てにあって、地理的には〈知識のメトロポリス的な役割〉を果たせるとはとても思えない。それにもかかわらず、数世紀にわたって西欧の学問の中心地として世界中の若者たちを惹きつけてやまなかったのはなぜだろうか。大学が設立される位置や環境の重要性はニューマンの強く主張するところであるが、その観点からすれば、アテネは確かに天然の美を備えていたし、すでに高度に完成された文化・芸術を誇る都市であったから、人々はアテネの文化・文明に惹かれて集まってきたことも容易に想像できる。若者はそのような環境に生活するだけで豊かな人間性を養い、高い教養を身につけえたであろうからである。しかし、そうしたことは若者を惹きつける要因としてはむしろ二の次であって、大変な難儀にたえて、時に命がけで、はるばるとアテネにやってきた若者たちの第一の目的は叡智を得ることであり、そこで叡智の源泉である生きた人間、とりわけ〈偉大な師〉に出会うことであったとニューマンは強調するのである。

アテネには世界中のあらゆる地方から、言語を異にする若者たちをはじめ、成人した人たちまでもが、叡智を得ようとして絶え間なく集まってきていた。ここでは、活きている人間の中に偉大なるもの美しいものの原型が実体的に見出されたのである。またここでは、真理のあらゆる部門が探究されており、知性の多様な姿が明瞭に示されていて、優れた審美眼や哲学があたかも宮廷におけるがごとくに堂々と王座に着いていた。ここでは知性をおいて外の統治権はなく、天才以外に貴族階級はなく、教授たちが支配者であり、王子たちが臣従の礼をもって接していたという。

アテネに集まってきたのは身分の卑しいものから高貴なものまであらゆる社会階層にわたり、年齢も職業も異なり、多種多様な興味を持ったさまざまな地方の出身者であった。彼らはほんの僅かなものだけを携えてやってきた。多くのものは貧しく、アテネに着いてからも生活の費を得るため、また授業料を払うため、苛酷な労働に従事しなければならなかった。しかし、彼らに共通していたのは、他では見たり聞いたりすることのできないものをその目で見、その耳で聞きたいということであった。アテネが若者たちを惹きつけてやまなかったのは、その自然の美でもなければ高度な文化でもなく、偉大なる人間の存在そのものであったのである。ニューマンは〈人物の偉大さ〉について語ることはしないが、偉大な師に出会うことの重要性を力説するのである。〈人間に出会う〉ということは、その人の話を聞くとか教えを受けるとかいうこととは別で、その人の存在そのものが彼にとって重要で、時にその出会いは人の生涯に決定的な意味をさえ持つものであるという。アテネに集った者たちは、師の存在そのものに接しただけで影響を受けたのであり、ニューマンはそこに教育の原点を見るのである。

彼はその人の語る言葉をひと言も聞くことなく、聞くか聞かないかも気にかけない。また、講話を聞かせてくれと願ったり、議論を申し出たりするのでもないが、彼が目の当たりにしているのは、完璧なる一人の人間であって、加えることによって増すようなものは何もない、他の何者よりも偉大な人間なのである。その人との出会いは、彼の人生における特別な瞬間であり、心の中の燃える想いとして記憶にとどまり、それ以後ずっと似た精神を持つものたちを互いに結びつける一致の絆なのである。（『歴史素描』第三巻）

その人格の中に結集されている一切が今見ている目の前にあり、その目には見えない精神が不思議な魅力を持って自分の精神に迫り、その人自身の心を彼のほうに引き寄せる。これが生ける人間による人格的な影響というものであり、出会いそのものによってすでにある程度教育が行われているというのがニューマンの主張である。

（3）知識への渇望と人格的影響

大学はその原型においては学生と教師との共同体であるが、教育を受ける者に先立って教授する者がいなければならない。そして基本的に大学が存在するためには教える職業と学びたい欲求だけが必要だという。この知識への渇望とそれに応える教える職業というものがあったがために大学が興り、この両者の間に生まれる知識の交流および人と人とを結ぶ絆こそが大学を存続させ発展させてきたのである。アテネが世界に冠たる高等教育の府となったのは、堅固な組織が構築され、また立派な施設が整えられたからではない。むしろその反対で、規則や制度や組織などもなく、建物はおろか講義室さえなかったが、アテネにはまず教える職業の人々がいたのであり、彼らの優れた知性そのものが優れた知識を供給する手段であって、それと一致した彼らの人格が人々を惹きつけたのであることは先に見たとおりである。

ひたすら学びたいという欲求から若者たちは自由な心で師のもとへ集い弟子入りした。何かの外面的な要求や欲求を満たすためではなく、学びたい、向上したいという内発的な動機に駆られてのことであった。若者たちの知識に対する渇望があらゆる外的な困難と不自由を耐えさせ乗り越えさせる力であった。時代の趨勢におもねるのでも世俗的な利益を追求する欲望や利己心からでもなく、純粋に知を求めて集まってきた若者たちに対して教師たちもまた講義や対話を通して優れた知識をその人格ともども与えたのである。ときに若さのなせる無礼講さえ許し、若者の率直で粗雑な態度をもそのままに受け入れさせたのは教師たちの教育愛であった。そしてこの寛大で暖かな教育愛こそが大学を生かす基本的な原理として大学に生命を与え続けてきたのだ。

ニューマンは才能や勉学の成果をはじめ、評価や報酬、また財力や権威などといった大学における外面的な要素をも決して軽んじてはいないが、大学をその本質から考えるとき、上に見たように、なによりもまず知性および人格的な影響が優先されなければならないのであり、大学発展の歴史から見ても外的な要素は手段としてあるいは結果として付随してきたものに過ぎないと見るのである。アテネにおける教師たちは説教者や宣教師と同じ様に、聞いているものの心をいかに燃え立たせる教師であったかと、その場面を臨場感あふれる生き生きとした筆致で描いている。燃える心は巧みな弁舌からもまた教える側の一方通行からも生まれない。人間を深く愛し理解し信頼し、自分を開いて寛大に自分を与える暖かな人間的な交流から、教えるものと教えを受けるものとの間に自ずと共感が生まれるのである。知的な交流は単なる知識の交換ではなく、知識と共にある人格の交わりである。それはまた人間的な絆であって、それが教育愛と相俟って循環する血液のように温かく大学に命を与え大学を活かすのだ。もしこのような絆がすべてに優先されないような大学であれば、それは大学の名に値しない名ばかりの大学である。ニューマンは彼の時代の大学には、教師と学生との間に超えがたいほど高く堅固な壁があり、学生たちを理解しようとはせず一方的で、学生たちとの交流を拒み、人格的な影響を与えるどころか、時に冷淡で恩着せがましい態度をとる教師たちがいたことを嘆いている。もし、知識への限りない憧れを持ってやってきた学生たちが、彼らの学ぶ大学では組織や規則が先行支配していて、人格的な影響を与える師に出会えないとすれば、彼らはまさに「牧者のいない羊たち」（マルコ六・三四）なのだ。

ところで、大学は人格的な影響だけでは存続できないことをニューマンは百も承知していた。どんなに偉大な人間も歴史の舞台から退場する時が来るし、個人は必ず交代するものである。したがって、時を経て人間の個人的な活動には必然的に組織が加わり、大学は制度の中に体現され、権威の行使も行われてきた。ニューマンも認めている通り、大学はまた自らの権利や特権によって、たとえば治外法権に関しても守られてきたし、規律によっても強化されてきた。ニューマンは人間社会の成立の歴史をかなりの皮肉を込めて、「詩人の心に始まるが、ついには管理・統治に終わる」と言っている。これは人間の限界であり人間社会の必然でもある。理念だけではどんな共同体も立ち行かないのは人間社会の現実である。共同体としての大学もまた同様な道を辿ったのである。

大学の起源を歴史的に考察したとき、熱意と人格的な影響が先行してはいたが、権力の行使もまた大学を完成させていく要素であったし、当初は個人のレベルの事業であったものが国家または政府に次第に認知されて形を整えていったという。それでもなお、ニューマンが繰り返し強調しているのは、組織その他もろもろの外面的な要素がいかに整っていようとも、もし学生に対する教師の人格的な影響がなければ大学は北極の冬のようなもので、「氷に閉ざされ、石化した、鋳鉄製の大学」以外の何ものでもなくなってしまうと言うのである。

（4）大学の原型としてのアテネ

ニューマンはギリシア人が理想の人間像を形成する基本的な原理としていたのは〈美の原理〉であったとする。人間の本性は知性と自由な意志を持つが、人間の行動の規範として、ある内的な監視者のようなものが私たちのうちに内在することも否めない。一人ひとりの人間にあるそのような内的な監視者をニューマンは conscience と呼ぶ。その語源はラテン語の con（共に）scire（知る）で、それは全体知・共同知を意味し、同時に自己意識ないし自覚を表す。したがって conscience は語源的には道徳意識とほぼ同義で、一般に善を命じ悪を避ける個人の道徳と考えられている日本語の〈良心〉という言葉がそれに相当しよう。人間社会においては社会がスムーズに機能するために個人の良心に代わって行動の基準を示すものが必要であるが、それは〈規則〉又は〈法〉である。また人々にとって有益であるか有害であるかということが善悪の基準とされることがあるが、ニューマンはそれを〈便宜主義の規則〉[2]と名づけ、これも良心の代用であるとする。さらに、洗練された性格をもった良心の代用は〈美の原理〉で、この場合、美と美徳は同義語として扱われる。良心が人間行動の厳然たる規範であるのに対して、ギリシア人が良心の代用として人間の行動をふさわしく規定し、人間をして完全な人間とさせる原理としたのはこの美の原理であったと言う。そして美の原理に基づいた理想の人間をギリシア人は καλοκἀγαθδς（志操高潔な人）と呼ぶが、この言葉は英語の **gentleman** に相当し、ニューマンはこの **gentleman**（教養のある人・紳士）を育てることを大学教育の目的とするのである。

ニューマンは美の原理は洗練された趣味、絶妙なる礼儀正しさや品位、そして適切さの感覚など人間の精神と行いを整え、人間を全き人へと形成してくれる真の案内者であるとする。美の原理に基づいて高度に洗練された精神文化を誇っていたアテネはそのままに大学の役割を果たしていたのであり、若者たちはアテネの人々の中に暮らすだけで彼らの精神はすでに教化されていた。アテネの人々が正しいことを行ったのは義務の観念からでも、目に見えない神に対する畏敬の念からでもなく、そうすることが真に楽しく幸せであると理解していたからで、政治においても彼らを拘束するものは善意と寛大な精神のほかには何もなかったのだ。彼らは法を無視していたのではなく、彼らの優れて繊細な審美眼と名誉の感覚、そして高められた品位ある精神が自分たちの行動におのずから影響を与えることを誇りとしていたのだとニューマンは言う。

アテネにおける精神と思想の自由・平等は政治組織にも影響を与え、いかにヨーロッパ全体の文明となって浸透していったかをニューマンは強調する。ヨーロッパにおける大学はアテネに発祥し、その原点には人間同士が出会って心が心に働きかけるという人格的な影響があったとするニューマンの主張は先に見たとおりであるが、ニューマンは教育の理想を遂行し存続させるために機構・組織も必要であるとしていたことも前述した。古代ローマは機構・組織の才能があったために「情緒や空想によってではなく、政治的叡智と法の支配によって」ヨーロッパを一つにまとめあげていったのに対し、アテネはあらゆる高尚なものを持ちながら組織力の欠如のために政治的には失敗し、アテネの学校は知性の府としてふさわしい豊かな才能を持ち優れた人格的影響がありながら、実際的な機構・組織が欠如していたために存続できなかった。それでもなお哲学の光を投げかけて人々の思想を呼び覚まし、人格的に影響を与えるというギリシア人の教育の理想は確実にヨーロッパ各地に広がり、大学に生命を与え続けていったのである。

ところで大学は普遍的な知識の府ではあっても、すべての学科を提供できるわけではなく、学生もすべてを学び得るわけでもない。それでオクスフォード大学で行われているような学寮に共に住む教授と学生の、そして学生同士の接触が非常に意味深いものであると、大学共同体における交流の意義と重要性をニューマンは強調する。そして、先に述べたような理念を実現させ大学を存続させていくためには、中世ヨーロッパで行われていたような教授が講義するという制度（professorial system）と個人指導の制度（tutorial system）とが相俟って初めて理想である影響と法との調和が保てるとニューマンは考えていた。彼はまた、非常に深い学識があり魅力的で人気のある優秀な教授が、その優れた知性のゆえに、そして人々から受ける賞賛によって、傲慢になり、その地位からくる利益のために誘惑を受ける危険性について語ることも忘れない。

最後に、もし大学が教師と学生一人ひとりの人格に由来し、その一人ひとりの人格が大学を生かす魂であるなら、大学それ自体も一つの人格ないし準人格であるというニューマンの主張も指摘しておきたい。大学の知的また心理的雰囲気は主として大学を生かす生命である人格に由来するが、大学の過去と現在の教師と学生を、学生同士を、人と人を結びつけるのも他ならぬ人格に由来する。大学は叡智の座であり世を照らす光であるだけではなく、学生一人ひとりを知り、理解し、人間的な絆を深めながら暖かく育て導くところである。大学が〈アルマ・マテル〉（慈しみ深い母・母校）と称される所以がここにあるとする。

三　大学教育の目的

(1)　知識の統一体としての大学

共同体としての大学を考えるとき、大学は研究分野との関係からも、教える側の教師と教えられる側の学生との関係からも考えることができる。大学における学問・研究分野に関しては、ニューマンはすべての知識は一つの統一体で、個々の学問・研究分野はその一部であるという原則から出発している。知識のあらゆる部門は互いに関連しあっていて、緊密に統一されているから知識は分類されるが、すべての学問は相互関係と内的な調和をもっており、比較したり調整しあったりすることによって互いを矯正し完成させ、均衡を保ちあって共通の目的である真理に到達するのである。学問はどの部門も一つの統一体の一部であるから、ある部門を優遇しすぎたり、また他の部門を無視または軽視したり、あるいは破棄することは公正を欠くばかりか、さまざまな学問を結び合わせている調和を破壊することなのである。大学の教師たちはそれぞれの専門の学問に情熱を燃やし、分野の異なった学者たちとも親密に交わり、また知的平和を求めて各自の研究主題の主張と関係を調整するように招かれているのだから、たとえライバル同士であっても尊敬しあい、意見を交換しあい協力するようになる。このようにして、大学には純粋で澄みわたった思索の雰囲気が醸し出され、学生もそれを呼吸するのである。また自然科学者も人文科学者も神学者も実は同一の世界を研究の対象にしているのであり、同じ事実の意義をそれぞれ異なった視点から異なったアプローチをしている。もし彼らの間に衝突があれば、それは誤解に基づくものである。そのような誤解や衝突は学問間の対話が学際的になされるときにはじめて避けられるのであり、この対話を行う場が大学なのである。またニューマンは知識の各分野の間に正しい均衡を保つためには、宗教や精神的な諸価値に関する研究も大学において提供される数多い研究対象に含まれていなければならないとしている。

教えられる側の学生に関しては、大学で教える学問の範囲を広げることは学生にとっても重要ではあるが、学生はすべての開講科目を履修することは不可能である。しかし、学生は大学において学問の広い領域を代表する人々の間でその指導を受けて生活するので、それだけでも何かを得るのであり、それこそが教育の場としての普遍的な学問の府の利点である。大学で学生が履修するのは沢山の学問の領域の中のごくわずかな部分でしかないが、一つの知的伝統に身を置くことによって、その伝統が学生の科目選択を指導してくれ、また選択した科目を適切に説明してくれるので、学生は学問の各部門の規模を理解するばかりでなく、その光と影や重要な部分とそうでない部分をも次第に理解するようになり、一生涯続く考え方が自らのうちに形成されていくのである。そうした教育をニューマンはリベラルな教育と名づけている。リベラルな教育の特性は「自由で公正で落ち着きがあり、かつ節度があって叡智に富んだもの」であり、それは哲学的な習性とも呼ばれ得るものをその人の中に形成するのである。もちろん大学以外のところ、家庭で、地域社会で、職場で、友人や人々とのかかわりのなかで、あるいは書物との出会いや旅行やさまざまな人生経験などからも多くのことが得られる。しかし、大学で授けられる教育の特別の成果は、「人間が存在するための案内者たるべき信念の体系を身に着けること」であり、これこそニューマンが大学教育の第一の目的としたものである。

（2） 大学教育の目的としての教養教育

リベラルな知識とかリベラルな学術（liberal arts 自由学芸）とかいう言葉があるが、ニューマンは大学で受ける教育のことを〈リベラルな教育〉と呼んでいる。これらのリベラルという言葉は一体何を意味するのだろうか。語義からすればリベラルはサーバイル（servile 隷属的な）の反対であり、サーバイルな仕事といえば肉体労働と機械的な仕事のことで、これに対しリベラルな教育とか研究というとき、精神、理性、内省の働きということになる。[3] ニューマンはキケロ[4]を引き合いに出しているが、キケロは精神的に優れたものの第一に「知識それ自体のための追求」を置き、「このことはとりわけ人間の本性に関係している」と述べている。知識は人間が肉体的欲求を満たした後に先ず惹きつけられる対象であって、人間は避けがたい心配事の重圧から逃れるやいなや、直ちに見、聞き、知ろうとする。そして隠されているものあるいは不可思議なものを知ることを幸福の一つの条件とみなす（『義務について』*De Oficiis* 一・六）のである。一般的に知識の涵養ということは肉体の慰めや楽しみのため、人生や人格、健康、夫婦や家庭の和合のため、社会の絆や市民の安全などといった目的と直接結び付けて考えるのに対して、キケロはまさにその反対で、私たちの肉体的また政治的な要求が満たされ、必須の義務や心配事から解放されてはじめて見たり聞いたり、学んだりしたいと欲するようになるというのである。私たちは知識を求めないうちは、物質的なものを手に入れようとするものだが、キケロはいったん獲得された知識が物質的なものに反映したり、それに作用を及ぼすなどとは考えていない。何の成果ももたらさないのに長い間その位置を維持し、有益であるとはまだ証明されないのに賞賛に値するとみなされているそれ自体の追求は、確かにその中に充分な目的を持っているに違いない。ニューマンは「他の一切から切り離されながらもなお生き続けることのできるものは、それ自体のうちに生命を持っていなければならない」と言って、知識それ自体のための追求、知識それ自体の存在の価値を主張する。

どんな種類の知識もそれが真の知識である限りそれ自体の報いとなるように人間の精神はつくられている。このことはすべての知識に当てはまるが、とりわけ哲学はあらゆる部門の真理、学問と学問の関係、それら相互の立場とそれぞれの価値を包括的にとらえている。知識を所有することで知識それ自体を超えた利益がその人自身に与えられ、また他の人々に役立つということは事実である。しかし、たとえ何かに役立つことがなかったとしても、知識の獲得それ自体が人間の本性の直接的な要求を満たしうるのである。知識はたとえ利用されることなく、直接的な目的に役立つことがなかったとしても、私たちのうちに存在すること自体が一つの習性となって役に立つ。まさにその故に知識の存在そのものが貴重なのである。

知識は理性に働きかけられその人のものとなると〈学知〉とか〈哲学〉とかいう名称でよばれる。そして知識が一つの学問的形態にまで高められると力ともなる。知識が技術に変容し、形あるものになっていくときに〈有用な知識〉と言われるが、《リベラル》な知識はそれを超えてそれ自体が目的となりうるものである。もちろん、一人の人がこの両者を同時に涵養することは可能である。しかしニューマンは知識それ自体が目的となるということが知識の真の威厳であり価値であるとし、このことは「望ましさの本源はその知識に内在する」ということを意味し、これこそ〈リベラル〉とよばれる理由であると言う。そのような知識は後天的にその人のものとして獲得された精神の豊かさであり照らしであり、その人自身の習性となり内面的な資産となる。手仕事や各種の実務は記憶、伝統、慣行などにより外的な目的に関係しているが、教育という言葉は人間精神の本性そのものへの働きかけと人格の形成とを意味するより高次な言葉である。そして知識を伝達することを教育というとき、知識は精神の状態または在り方ということになる。〈リベラル〉という言葉と〈哲学〉という言葉がすでに示唆しているように、たとえそこから実利的には何も生まれてこなくても、それ自体が宝である。それは求めるに値し、積年の労苦に充分に報いるものである。

《リベラル》な教育それ自体は単なる知性の涵養に過ぎず、その目的は知的な卓越以上のものでも以下のものでもない。どんなものにもそれなりのよさがあり、それぞれの完全さがあるが、私たちはその最良の部分を追求するのである。美しさには物質的な美しさもあれば、姿かたちの美しさもある。同様に精神的存在の美しさもあり、知性の最高のあり方もある。どんなものにも理想の極致というものがあって、それぞれその極致に達しようとする。ギリシアの神々は均整のとれた容姿や整った顔立ちの彫像に見られるように肉体美の極致を現している。私たちは人間性の偉大さを示す完成された人間の姿を見ることもある。芸術家は容姿や形態の美を、詩人は精神の美を、宗教家は神の恩寵の美を生み出す。それと同様に知性にもまた固有の美があり、それを目指す人々がいるのである。

ニューマンによれば知性の美を追求すること、つまり知性の涵養を目指すということは、心を開くこと、心を正しく洗練すること、知識を獲得し消化して自分のものとし、用いること、そしてあらゆる能力、応用、柔軟性、几帳面さ、的確な判断力、賢明さ、機転、手際よさ、人を動かす力のある表現力を心に与えることなどを含むものである。教養ある知性、洗練された趣味、誠実で公正な私心のない精神、高潔で礼儀正しい態度など、こうしたものが幅広い知識に固有の特質であり、ニューマンは学生たちをこのような知性と人格を備えた人間に育てることが大学教育の目指すべきものだとしているのである。

ギリシア語のソフィアという言葉は知性の熟達あるいは完成ということを簡潔に表す言葉であるが、英語にはこれを表す的確な言葉はなく、talent（才能）、ability（能力）、genius（非凡な才能）という言葉も知性の原材料であって、訓練や練習によって達成した知性の卓越性とは異なるという。Judgment（判断）、taste（審美眼）、skill（技能）も普通実践や技術に関する能力や習性を意味するのであって、知性そのものの完成された状態を示すものではない。Knowledge（知識）や science（学知）は純粋に知的な観念を表すが、英語では知性自体を意味するものが代りに知性の対象に当てられてきた。Knowledge は通常の意味では知性の一状況に過ぎず、知性の状態あるいは質を表す言葉ではなく、science も知性そのものではなく専ら知性の対象に用いられてきたという。Wisdom（叡智）という言葉は真実在や真理を捉えることの出来る最高の認識能力といわれ、いま挙げたどの言葉よりも意味の広い言葉で、ソフィアに最も近いかもしれない。英語には「知性それ自体の目的として知性を涵養する」ということを表す広く認められた言葉がないために、ニューマンはギリシア語のソフィアを表すのに philosophy（哲学）、philosophical knowledge（哲学的な知識）、enlargement of mind（精神を豊かにすること）、illumination of mind（精神を啓発すること）などと多様な表現を用いている。しかし、どのような名称を与えようと、大学の起源を歴史的に考察したときに、大学の本分はこの知性自体の育成を直接の目的とすることであり、知性の教育に専念することこそ大学の使命なのである。そのためニューマンは大学を〈教え込み〉（instruction）の場というより、能力の導き出し、〈教育〉（education）の場という方がより正しくより普通であるとしている。大学は技術や職業のための訓練の場ではなく、大学に固有の役割はあくまでも知性の育成・涵養である。「学生たちに正しい基準を示し、その基準に従って彼らを訓練し、すべての学生がそれぞれに持つ多様な能力に応じてその基準に向かって前進できるように手助けをすること、これが大学の役割だと思う」と述べている。繰り返しになるが、知性の育成ただそれだけのことを成し遂げたとき、大学はその任務を果たしたことになるのであり、どのような場合、どのような事柄においても、知性を良く働かせ、知性が真理へ到達しようと努め、真理をつかむように教育するのが大学の使命なのである。

(4) 哲学的知識の習得

知性の本来の対象は真理であるが、知性は直観によって、あるいは瞬時に、全体としての真理を認識することは出来ない。私たちは単純な直感や一瞥のもとにではなく、精神的な手順を経て一つずつ積み重ねていくことによって多くの部分的な概念を比較し、相互に修正しあい、適合させ、精神の諸機能を働かせて集中し、つなぎ合わせることなどによって真理を知るのである。そのような知性の働きは必然的に与えられるのではなく、訓練を要するのであって、やがては習性とならなければならない。そしてこの知性の育成の過程こそニューマンが《リベラル》な教育と名づけるものであることは先に見たとおりである。そのような能力は精神が系統立てて学問的に形成される結果得られるもので、これは判断力、洞察力、賢明さ、叡智、哲学的な精神、そして知的な冷静さと落ち着きなどの、いわば獲得された才能で、このような才能は簡単に手に入るような性質のものではない。物質的な対象物を認識する肉体の目は自然に与えられるが、その対象が真理である精神の目は訓練と身についた習性によるものだと言うのである。

私たちはただ学ぶというだけではなく、学んだことをすでに知っていることと比較したり照合したりするとき、精神が照らされ、豊かになり、広がり、成長していくのを実感する。精神が啓発されるということは単に知識が増えることではなく、すでに知っていることと現に学び取っていること、つまり習得したものの蓄積すべてが心の中心へと引き寄せられる運動であり前進である。真に偉大な知性は、事物についての知識だけではなく、事物相互の真の関係についての知識、哲学としての知識をも有しているのである。このような分析、分類、調和の過程が欠けていると精神が広がり豊かに成長していくのを経験することは全くなく、知識の数はどれほどあっても知性が啓発されたとか理解力が増したとかいうことはできない。

世の中には膨大な分量の知識を持ち、また多くの考えがありながらそれらの知識や考えの真の相互関係にほとんど気づいていない人たちがいる。彼らは博物学者であったり諸学に通じている人なのかもしれないし、こういう人は就職で有利であったり自分の持ち場で重宝がられたりする人なのかもしれない。またある人は世事に通じ、世の中で異彩を放っているかもしれない。だがこのような人で、総括的な結論をなんら引き出すことなく、言葉の真の意味で意見というものを全く持たない人がいる。こういう人についてニューマンは、「彼らは人物や物事について珍しいこと楽しいことを沢山詳しく知っているが、なんら明確な確固たる原理のもとに生きているわけではないので、多くのことについてはそれ自体で完結した現象としてしか語らないし、何も導き出すことなく、検討することもなく、真理を教えるのでも聴衆を導くのでもなく、ただしゃべっているだけである」と言う。多くの事柄を同時に一つの統一体として眺める力、それぞれの価値を普遍的体系の中でしかるべき場所に位置づける力、それぞれの価値を理解し相互の依存関係を決定する力、このような力が精神を深め、豊かにし、大きく成長させるのである。

精神が真に照明されていれば、広範にわたる知識のどんな部分も全体の一部でしかないことを思い出し、それによって必ず心に浮かんでくる連想をするようになる。そして何らかの仕方で知識の部分をそれ以外のすべての部分へと導いていき、全体のイメージを個々の部分に伝え、想像力によってついには全体は一つの魂または霊のようなものとなって全体を構成する各部分のいたるところに広がり浸透して、ある確固たる意味を与えるのである。このように、ニューマンが大学の真の目的としているところは、学識や知識の習得よりはむしろ知識に基づいて働く思想ないし理性を、換言すれば哲学と呼ばれうるものを自分のものとすることなのである。

ところでニューマンはもし知性を向上させようと思ったら、まず高いところに登らなければならないと言う。筋道を立て、原理を把握し、それに従って習得した知識を分類し方向付けるためには、知識より高いところにいなければ知識の方が私たちを押し潰してしまうであろうと警告する。多くの人々は知識に取り付かれているだけで、知識を自分のものとして所有していない。実際自らの自由な意志を持たず、知識に振り回されているだけということさえある。だがニューマンは教育の過剰という危険があるなどと考えていたのではなく、危険はむしろその反対にあると考えていた。当時の教育上の誤りは学生の記憶力に多くの未消化な知識を詰め込んだことではない。あまりにも多くを詰め込み過ぎたために学生は却ってすべてを拒否してしまった。科目数だけを多く与えられて彼らの心は混乱し弱ってしまったのだ。知識の分量だけを多く与えることによって、いかにも知性を豊かにさせるかのように錯覚させるという誤り、いろいろと見学したり、雄弁家の演説を聞いたり、何かの学会に名を連ねたりするなどといったことが精神を広げ進歩させると考える誤りを犯したのだ。こうしたことは精神を広げ豊かにするどころか、精神を分散させてしまうことなのである。一つひとつを深く考え、理解し、納得し、充分に学ぶのではなく、ただ多くの事柄が未消化のまま摂取されていき、何の努力もせず、注意も払わず、苦労もしないで勉学がなされる。このような人には基礎もなければもちろん進歩もなく、したがって仕上げもない。個人による主体的なことは何一つなく、ただ機械的にだけ行動し、書物ばかりが増え普及しただけで、多くの人々は受動的に、それどころかほとんど無意識のうちに啓発され、途方もなく危険極まりない妄想の犠牲になるのだ。

一方、賢い人々はといえば、彼らはたとえ声を上げたとしても、我慢ならない時代精神に調子を合わせ、内心ではひそかに苦笑しながらも一時的に譲歩して迎合することを余儀なくされてきたのだと、ニューマンは手厳しく評している。

ある一つの学問を徹底的に知り尽くすことと多くの学問を表面的に知っていることとは別で、何百という事柄を生噛りし、細目に亘って記憶しているからといってその人が包括的な哲学的見解を持っているとは言えない。ニューマンは「気晴らしや嗜みは教育ではない」と言い切る。「気を紛らわせ、気分を爽快にし、心を鎮め、よい気分にさせ、心を奪われ、悪事に走らないようにすることのためだけに教育が必要だなどと言ってはならない」そのようなものは知性を形成することも涵養することもないから教育ではないのである。教育とは崇高な言葉であると次のように言う。

教育は知識を得るために備えることであり、その備えに比例して知識を得るのである。見るためには肉体の目が必要であるように、知るためには知性の目を必要とする。私たちには知性の対象だけではなく、知性の器官も必要なのである。知識に対する備えがなければ知識を手に入れることはできないし、眠っている間に、または偶然に知識を得るというようなこともあり得ない。最も素晴らしい性能をもった望遠鏡でも、眼がなければ用をなさない。印刷物や講義室は大いに有用であろう。だが、私たちは自己に忠実でなければならないし、知識を獲得する主体者でなければならない。大学は慣例的にアルマ・マテルと呼ばれているが、これは大学は一人ひとりの学生を知っている優しき母であって、鋳物工場や造幣局のようなものでも、踏み車の装置を単調に踏むような場所でもないのである。（『大学の理念』第六講話）

四　善に資するものの媒介としての教養教育

教養教育が人間の知性に力と美と把握力とを与えることにのみ関わっているからといって、それが〈有用〉でないとは言えない。〈有用であるもの〉が必ずしも〈善〉ではないが、善は常に有用であるというのがニューマンの主張である。善とは単に善いということではない。善の特徴は〈豊かに生産的〉であることなのだ。善は善を産み出し、その周囲いたるところに同様の善を拡散させる。「大いなる善は善を分け与える」のである。〈有用〉なものとは何かの役に立つもののことだけではなく、「善に貢献し善の媒介となるもの」を意味するとも考えられる。もし教養教育が善いものであるとしたらそれは善に資するものであり、必然的に有用なものであるに違いない。もし知性が私たちの優れた部分であるとすれば、知性の涵養はさらに優れたものであるはずである。それは美しく、完全で、感嘆すべきものであってそれ自体高貴であるが、真実で高尚な意味において、それを所有するものと彼の周りにいるものにとって有用でなければならない。低級で、機械的で、商業的な意味において有用なのではなく、善を拡散させるものとして、祝福を与える贈り物として、力、宝として有用なのである。第一にそれを所有する人にとって有用であるが、その意味での有用性は彼を通して他の人々に、社会に、そして世界全体にも及んでいくものである。ここに教養教育が善であり必然的に有用なのだというニューマンの主張がある。

身体を健康という全般的な捉え方によって配慮し、訓練することが出来るが、それと同じように、知性もまたその完全な状態を目指して全体的に訓練され得ると考えられる。精神の全般的な涵養は、職業的または学問的な研究にとって最良の助けとなるものである。思索し、論究し、比較し、識別し、分析することを学び、趣味を洗練し、判断力を養い、洞察力を研ぎ澄ませた人は、直ちにある特定の職業に就けるというわけではないが、どのような職についても、容易に、積極的に、そして自由かつ柔軟にその仕事に従事することができるような知性の状態に置かれている。この意味で精神の修養はきわめて有用なのである。涵養された知性はそれ自体で一つの善であるので、その人が取り組むどんな仕事にも力と恩恵をもたらし、その人をより有用にするのである。人間はみな自分がそこに生き、生活し、人々と出会い、さまざまに関わる社会に何らかの義務を負っているのであるから、教養教育はたとえ職業的な関心事を最優先にしないとしても、実はその目的をよく遂行するための準備をしているのである。このような教育を受けたものは、充分に発達した知性の持ち主であるはずであり、社会の成員としてもさまざまな義務や状況や出来事に対処できる真の助けを持っているのである。

ニューマンは知力の中で最も重要な能力は判断力であるとする。判断力とは何事によらず、人が選択した問題に取り組もうとするときに力を与え、問題の要点を把握させ得るもので、的確さと活力をその習性として備えていなければならない。判断力に生命を与えるのは比較・対照の能力と識別力である。そして、判断力に何らかの効果をもたらすためには宗教、倫理、歴史、文学、一般的思索の理論、美術、機知などの作用も欠かせないとしている。これらの学問の諸部門はきわめて多様に思われるかもしれないが、実はそれらすべては、人間は道徳的にまた社会的に完成に向かうという本性に由来する共通の大問題から引き出されてくるのであり、どれも多少なりとも厳格な道徳的理性という同一の力の支配下にあるという。一つの主題だけを求めて考えるように訓練されてきた人は、その一事さえよく判断することが出来ないであろうが、自分の思索の輪を広げようとする人は、速やかに知識も能力も拡大していくのである。個人にとって最良の知性を養うべく訓練することが、社会に対する人間の義務を最もよく果たさせることにつながるのであるから、実際的な目的が大学課程に割り当てられなければならないとしたら、それは社会のよきメンバーを養成することである。このように考えると、教養教育はいわゆる〈有用な教育〉と一般に呼ばれているものよりもはるかに有用であるように思われる。教養教育は「社会の知的な風潮を高揚させ、公共心を涵養し、国民の品性を純化し、人々の熱意に真の原理を与え、その向上心に確たる目的を提供し、時代の思潮を広げるが同時に節度をも教え、政治力の行使を容易にし、個人の生活についても人と人との交流が洗練されたものとなるよう目指す」のであると言う。

最後にニューマンは教養教育によって育てようとする人間の姿を具体的に次のように描いている。

大学教育は学生たちに物事をあるがままに見、まっすぐに要点へと進み、もつれた思想を解きほぐし、詭弁を看破し、不適切なものを取り除くことを教える。大学教育は学生がどのような職業であれ信頼されてそれに就き、どのような課題であってもそれを容易に習得できるように備える。他人との協調や共感の仕方、また自分の心の伝え方、人々との適合の仕方を示し、どのようにして人々に影響を与え、他人を理解し赦すのかを教える。〔教養教育を受けた人は〕どのような集団の中にいてもくつろいでいることができ、どのような階層の人々とも共通の立場に立つことができ、語るべき時と黙すべき時を心得ている。会話することも傾聴することもできる。要領を得た質問ができ、自らは教えるものがないときにも時宜に適った教訓を学びとることができる。常に心を開いているが決して人の邪魔にはならない。気持ちのよい仲間であり、頼りになる友人である。真剣でなければならない時と遊んで過ごす時とをわきまえている。遊ぶ時には品位を持ち、真剣なときには力強く振舞うことの出来る才能がある。世間に生きてはいるが自己の内に生き生きとした精神を持ち、外に出ていけないときも幸せの豊かな源泉が自らの中にあるので心は安らいでいる。公の生活で役に立ち、引退後も支えとなる才能があり、その才能なしでは巨万の富も凡俗に過ぎず、それがあれば失敗や失望でさえ魅力を持つのである。(『大学の理念』第七講話)

このように見てくるとニューマンの大学の理念は予期していたよりも平凡な主張であると考える向きもあろう。ニューマンも認めているように、大学における教育は確かに偉大ではあるが実は平凡な目的に達するための至って平凡な手段なのである。しかし、このような平凡さに到達するのは容易なことではなく、積極的で不断の精神活動を要し、精神の数々の手順を経て、少しずつ忍耐強い思索を積み重ねていかなければ達成されないのである。大学は知性と叡智の座であり、知的交流の場である。真理が追求され、誤りが是正され、発見がなされ、真理の探究が常に前進していく場である。それでもなおニューマンは人格的な影響こそが大学の生命であるとする。大学においていかに優れた研究がなされ、大学が立派な組織や機構に固められていても、どんなに素晴らしい建物や施設が整っていたとしても、教師と学生との血の通った暖かい関係・絆が大学全体を支えるのでなければ本当の意味での大学ではない。ニューマンは人間の中に本来ある知への渇きとそれを癒す機会とは人格的な出会いとその影響を媒介にしてはじめて実現されると言い、大学発生の原点にあるのは人格的な影響以外の何ものでもないとしている。また、大学で学ぶということは、知識の内容を個々の知識として断片的にまた受動的に知性に取り込むことではなく、全体の統一性の中で互いに関係し解釈しあう諸部分からなる一つの体系として自分のものにすることである。知識の諸領域を一つの統一体として哲学的に考察することが知識の諸部分を理解し、それぞれを正しく認識することにつながり、それが自然に精神を照らし啓発するのである。哲学的な考察は物事一つひとつを明確に位置づけることによって精神を広く深く豊かに広げていくが、それこそが厳密な意味での精神の涵養であり、精神の最上の状態である。それは物事をあるがままに見極める力を知性に与え、真実を見極める力を保障するのであり、知性が有するさまざまな力の完成を前提とし、それを内包するのである。このような知識はなんら利益がなくともそれ自体が報いである知識で、ニューマンはそれを教養的知識と呼び、これを授けることが大学本来の目的であるとするのである。このような教育こそが通常有用な教育と呼ばれているものよりはるかに有用な教育であり、人々の中で真によく生きる力を持った社会のよきメンバーを育てるのだというのがニューマンの主張である。

おわりに

ニューマンは学問的・職業的教育を決して軽視していなかったことにも言及しておきたい。彼の創立したカトリック大学の医学部はアイルランドの社会に多大な貢献をしたし、優秀な理工学部の創設が極めて重要なこととされ、それまで前例のなかった建築学部や農学部の設立もこの大学に予定されていたのである。ニューマンの教育論においてもう一つ重要なことは信仰と理性の問題である。理性の重要性が繰り返し力説されていることは言うまでもないが、理性はそれだけでは充分ではないことも同様に強調されていることを忘れてはならない。理性は人間の基本的な精神力ではあるが、理性を唯一至高なものとしたとき、人間は畏れを知らず、傲慢不遜なものとなる危険がある。道徳が良心に置き換えられ行為の最高の基準になってしまうときも、神は見失われ、人間の徳も表面的なものになってしまい、そのとき真の意味での人間の成長と完成はないことをニューマンは確信している。『大学の理念』の第八講話「宗教との関係から見た知識」で大学と宗教との関係を扱っているが、この中で、宗教による影響が不可欠であることも明確に述べているのである。宗教もしくは教会は教養教育に踏み込まないように注意しなければならないが、教養的知識も哲学を啓示と良心の代用にしてしまうことのないようにと警告している。確かに大学はアテネにおいてそうであったように、教養教育によって知性を高め、判断力を養い、高潔な趣味を持ったいわゆる紳士を作り出すことは出来るであろう。しかし、神の恵みがない限り、誰も人間を真実な人間として目覚めさせ、内面から変容させることは出来ないことをニューマンは確信していた。人の心に働きかける目に見えない上からの恵みの働きがなければ人格的影響も単なる表面的な人間的影響に過ぎないのである。一度出会っただけであってもその人の人格の深みに決定的な変化をもたらすような影響は、人間的な次元をはるかに超えて内面にひそやかに働く神の恵みの影響に他ならないことをニューマンが確信していたことは、彼のすべての著作からも明らかである。

(1) アカデモスの神に捧げられた鎮守の森。ここにプラトンは学園（アカデメイア）を開いた。

(2) ベンサムの便宜優先の功利主義的教育をさす。功利主義はホイッグ党の哲学であり、一八三二年の英国選挙法改正案の基礎となっている。ニューマンはこれを自由主義として強く非難している。

(3) 古代ギリシア・ローマの社会で、市民権を有する自由な市民が学んだいわゆる自由七科の伝統を指している。自由七科とは言語に関する三科目（論理学・文法・修辞学）と数学に関する四科目（算術・幾何・音楽・天文学）である。ニューマンはこの意味でリベラルという語を用いている。以下《リベラル》とする。

(4) ローマの雄弁家・政治家・著述家。彼の文体はルネッサンス以後のラテン語の模範とされ、近代ヨーロッパ諸言語の文体形成に大きな影響を与えた。

第5章　彼女は土の塵より上げられ……
——三世紀の物語『カリスタ』——

はじめに

ニューマンには二編の小説がある。一編は一八四八年に出版された『損と得』で、オクスフォード運動からカトリック教会へと転ずるニューマン自身の経験を基にした自伝的な小説である。もう一編は本章で扱う『カリスタ』という小説で、これは一八五六年に出版されている。『カリスタ』はニューマンがカトリックになってからの四七歳から五四歳にかけてという信仰と思想において深められていき、また人間的にも成熟し、内面の充実を最も深く経験していたであろう時期に書かれたものである。この時期は、ニューマンの中でそれまでに蓄積された知識、思想、それに人間理解も統合へと向かう成熟期であり、それらが彼の内面から溢れ出てきて、おのずとこの小説『カリスタ』に結実したのではないかと思われる。ニューマン自身この作品を自分にとっても読者にとっても大きな意味を持つものだと考えていたようであるが、その存命中に九版を数え、その後も版を重ね、多くの言語に訳されて今日まで引き続いてかなり広く読まれている。『カリスタ』は歴史小説としても割合に高く評価されているが、ニューマンは初版の序文で、一カトリック教徒の視点から三世紀のキリスト教徒と異教徒との相互関係と感情を想像して表現してみようとしたと記し、一八八八年の改訂版の序文では、特にカトリック教徒である読者に対し、彼らが信者としてどのような覚悟を持たなければならないかを示すために書いたと述べている。

しばしば指摘されるように、『カリスタ』はキリスト教と異教・異文化との出会い、相克および受容の問題を含んでおり、またニューマン自身の伝記的な要素が現れている事も否定できない。本書の主題は〈良心〉や〈回心〉、あるいは信仰への道を示すものであるという評もあれば、それはむしろ〈愛〉であり〈エロスとアガペー〉の問題であると言う人もいる。

ところで、本書の主題をエロスとアガペーとして理解するとき、主人公カリスタとアジェリアスがそれぞれに求めていたのは、質の異なった愛であるかのように説明されることがある。しかし、本書で描かれている愛にはそのような区別はなく、上昇していくただ一つの愛があるだけである。地上のいかなるものによっても満たされることができないカリスタの魂の渇望は確かに超地上的で絶対の愛へと向かうものであるが、カリスタに対するアジェリアスの求愛も、一時的には地上的な慰めを求める自己中心的な愛であったとしても、究極的にはカリスタと同じところへ高められていく一つの過程として描かれている。両者の愛への渇望は、それぞれに第三の人物セシリアスを介して、あるいは清められ、あるいは照らされ、さらには深められ高められて、ついに至高の人格キリストへの愛にまで導かれ、両者とも最後には死を賭してその人格との一致へ向かっているのである。

また、異教の少女カリスタが常に心の中に感じていた真の愛への憧れは、消すことができない心の声として表現されている。これは地上のいかなるものによっても満たされることのできない絶対的な愛に対するカリスタ自身の心の渇きであるが、それは同時に絶対的な愛の方からのカリスタの人格に対する呼びかけでもある。つまり、ここにあるのはニューマンが生涯問題とし、かつ生きた〈神と私〉の問題である。また、絶対的な愛への目覚め、憧れ、そしてその愛との出会いへとカリスタが導かれていったのは、常に人との出会いを介してであったし、アジェリアスもカリスタと同様に、人との出会いを通して神と出会っていくのであり、〈人との出会い〉と〈神と私〉の二つの線が交錯するところで二人の人格は大きく成長していくのである。

このように『カリスタ』はさまざまなテーマを含む小説であるが、この物語を詳しく分析し考察することによって、物語の主題が奈辺にあるのか、その解明を試みたいと思う。まず、物語のあらすじを概観してから、物語の舞台設定、人物描写および物語の構成などについて考察する。次に、本書の主人公であるカリスタに的を絞って彼女の人格形成とその完成への軌跡を追い、そこにどのような思想が見られるかを分析し考察したい。最後に、以上の作業を通して明らかにされるそれ以外のテーマについても若干の考察を加えたいと思う。

一　物語のあらすじ

カリスタはローマ帝国の属州、北アフリカの首都カルタゴの中心的な街シッカに住むギリシア人の少女である。彼女は偶像や護符を扱う商人ジューカンダスに協力するために、兄と一緒にギリシアからやって来た。二人は神殿に捧げる偶像や神々の肖像を彫刻したり、彩色や金メッキを施す仕事に従事している。彼らの住まいの近くには、ジューカンダスの甥でちょっとした財産を所有しているアジェリアスという青年がいる。アジェリアスの父ストラボはローマの軍団兵であったが、退役した後、家族ともどもジューカンダスの住むシッカに移り住んだ。ストラボはそこで妻を失い、ヌミディア人の血をひくガータという女性と再婚した。ガータは悪霊と交わり、淫らで、悪意に満ちた極めて有害な女性であった。ストラボはこの女性に苦しめられるが、やがてキリスト教に入信し、信者として立派な晩年を過ごし、平和な心でよき死を迎えた。先妻の子であるアジェリアスとその弟ジューバがそれぞれ八歳と七歳のときであった。

二人のうち、アジェリアスは六歳のときに自分から望んで洗礼を受け、堅信と初聖体も受けたが、弟の方はむしろ義母ガータの影響を受けてしまい、自由奔放な生き方をしている。アジェリアスは異教徒の学校へ進むが、そこにはキリスト教徒はおらず、彼には友達もできなかった。そしてこの学校で学ぶうちに、自分の宗教に対する数々の疑問が生じてきた。しかし、周囲には彼の疑問に答えてくれる者も、心の中に沸々とたぎる知的な渇きを癒してくれる者もいなかった。父親の死後は、農場経営の手腕を買われて小さな農場を任せられていたが、外面的な成功とは裏腹に、心の中では宗教的な倦怠感が膨らんでいき、心は孤独感にさいなまれていた。彼の心の問題に同情してくれる人はおらず、解決の糸口を与えてくれ、また生き方の模範を示してくれるような人もいなかった。そしていつの間にか、幼年時代に体験したキリスト教徒であることの喜びは薄らいでいき、信仰はあやふやになって内面の落ち着きはすっかり失われてしまったのである。

こうした心の問題を抱えた二十二歳の青年アジェリアスの前に現れたのが、地上的な美しさを余すところなく身に帯びたギリシア人の少女カリスタである。アジェリアスはカリスタとその兄のアリストと付き合っていくうちに彼らから大いに知的な刺激を受け、心の中の疑問のいくつかも解決され、次第に心が満たされていくのを経験する。彼はカリスタの清純さに強く惹かれ、カリスタがキリスト教に帰依して自分の妻になってくれたらどんなによいだろうかと考えるようになる。そしてアジェリアスはある日、意を決して彼女に自分の思いを打ち明ける。ところが意外なことに、彼女は彼の求愛を激しい言葉で退けるのである。

カリスタはカリスタでまた、それが何であるかはよく分からないが、心の中にずっと、ある抗いがたい憧れを感じている。それは彼女の心の奥深くで、何かを渇き求めてやまないもののようであり、また彼女に呼びかけている何者かの声のようでもある。彼女は幼いころキリスト教徒である乳母のカイオーニに育てられたが、この乳母からある強い印象を心に刻み込まれ、今でもその印象が心の中に深く残っている。そのために、彼女はキリスト教徒であるアジェリアスも自分とは違う何かを持っているはずだとひそかに期待していたのだ。ところが彼はカリスタの心の憧れを満たしてくれないばかりか、逆に何かに不足しているかのように自分を求めてくる。カリスタは自分の心の憧れと心の中の呼びかけに対してどこまでも忠実であろうとしてアジェリアスの求愛を拒絶したのである。

カリスタに愛を拒絶されたアジェリアスは失意のうちに家路につくが、折からの熱暑で頭が朦朧《もうろう》とし、やっと家にたどり着くや意識を失い倒れてしまう。それから長い時間が経って意識を取り戻したとき、病床の彼を温かく介抱していたのはカルタゴの司教セシリアスであった。アジェリアスは回復していくにつれて、セシリアスに自分を開き、やがて心の悩みまでも打ち明けるようになり、初めて魂の指導者に出会ったような安堵感を覚える。かくてアジェリアスはセシリアスとの対話に熱中し、対話を通じて神の愛に目覚め、心の平和を取り戻し、次第に内面の変化を遂げていく。

アジェリアスとセシリアスとの天上的な対話の高揚した場面に突如割り込んでくるのは、傲慢不遜で自己中心的な弟のジューバである。ジューバが加わったことでそれまでの静けさは破られてしまうが、さらに緊迫感をあおるのはイナゴの大群の襲来である。イナゴの大群は、まるで無数の雪片が一枚のじゅうたんに織り成され、それが太陽光線を受けて金色に輝きながら飛来してくるかのようである。その輝くじゅうたんは、野原を、穀物畑を、庭園を、家屋敷を、灌木の茂みを、果樹園を、ぶどう畑とオリーブ園を、そして森までもすべてを覆いつくして突進する。イナゴの大群が押し寄せる前に眼前に開けていた牧歌的な風景は、大群が去った後にはことごとく消失していた。

やがて飢饉と疫病がはじまるが、その災害をキリスト教の流行によるたたりだとし、民衆はキリスト教徒の迫害に蜂起する。アジェリアスは迫害のターゲットにされるが、叔父のジューカンダスが手早く送ってきた少年に導かれて無事に小屋を脱出し、危うく難を逃れて叔父の家に匿《かくま》われる。アジェリアスが小屋を去った後、彼の身を案じたカリスタがやって来る。小屋にはセシリアスが残っていて、彼はカリスタに、アジェリアスはすでに安全な場所へ逃れたから心配ないが、彼女こそ此処で見つかったら危険だと注意する。ところがカリスタは、自分はキリスト教徒ではないので危険はないと言って小屋を去ろうとはしない。そればかりか、かえってこの危急な状況下で泰然自若としているセシリアスの人格に惹かれて自分の心にある問題を彼に打ち明けはじめるのである。彼女は、心の中に何か限りないものに対して憧れを感じているが、異教徒として生まれた以上その運命を背負って生きていかねばならないと言うのだ。これに対してセシリアスは、自分も生まれながらの異教徒であったが、長じて歴史に現れた神と出会い、その愛を受け容れたものであることを語る。

暴徒たちはもうそこまで押し迫っている。セシリアスは再びカリスタに逃げるよう促すが、彼女は再度自分がキリスト教徒ではないことを理由にそれを固辞し、セシリアスこそすぐに逃げるように勧める。暴徒らがいよいよ迫ってきたとき、セシリアスは羊皮紙に書き写された「ルカ福音書」をカリスタに手渡す。それから自分は胸に抱いていた聖体を拝領し、そして辺りを見回したときにはもうカリスタの姿はそこになかった。セシリアスも直ちに小屋から逃げ出すが、彼は暴徒らの手中に陥ってしまう。

暴徒らに捕らえられたセシリアスは後ろ手に縛られ、ロバの背に乗せられてシッカの街の方へ連れて行かれる。彼をロバに乗せたのはジューバだった。ジューバは暴徒らに和して喚《わめ》いていたが、日が沈んで辺りがすっかり暗くなると、彼は急にセシリアスの手を縛っていた革紐を解いたのである。彼もまた知らず知らずのうちに、セシリアスの態度に惹かれていったのだろうか。彼はその革紐でロバのわき腹を力いっぱい殴りつけてロバを全速力で走らせ、セシリアスを逃したのである。ジューバは、それからシッカの街から数マイル離れた原生林に棲む継母ガータの元へ事の成り行きを報告に行く。ガータはキリスト教徒の迫害に加担したジューバを褒めるが、ジューバは「キリスト教徒が他の人間より悪い者だという証拠は何も見出せなかった」と言って、ガータの拝んでいるものに仕えることも彼女が自分の母であることも拒否し、彼女のもとから逃げ出すのである。

ジューカンダスは、自分のところに身を寄せている甥のアジェリアスを何とかして危険極まりないキリスト教から救い出そうといろいろ説得するがなかなか成功しない。アジェリアスの説得にはもはや万策尽きたと感じたとき、ジューカンダスは、「もしお前の云々する真理というものがカリスタを牢獄から出すことができるのなら、真理について語るのもよかろう」と言って、カリスタがキリスト教徒の嫌疑で捕らえられていることを明かしたのである。セシリアスより一足先にアジェリアスの小屋を脱出していたカリスタも、暴徒らの手中に落ちてしまい、キリスト教徒と間違えられて投獄されていたのだ。このことをはじめて知ったアジェリアスは非常に驚き、カリスタはキリスト教徒ではありえないとしながらも、もしそれが本当だとすれば素晴らしいことだと言う。ジューカンダスは、カリスタはキリスト教など信じていないが、自分の恋する人と運命を共有したがっているのだから、アジェリアスが信仰を棄てればことは直ちに解決すると言って、いっそう熱心に甥の説得にかかる。アジェリアスは、カリスタが信仰を持たないまま死なねばならないことを哀れに思うものの、彼女の今の苦しみは無価値ではなく、もし主キリストのために死ぬのなら生命へ移れるのだということを何としてもカリスタに伝えたいと思うのであった。

一方、妹がキリスト教徒の嫌疑で捕らえられたことを知ったアリストは衝撃を受け、大いに嘆き悲しみ、ジューカンダスに助けを求めてやってくる。ジューカンダスは甥の頑固さに手を焼いていたところであるから、二人は一緒になってカリスタを救出する方策をあれこれ考える。その末に、ジューカンダスの友人のローマ人で、中央の事情に詳しく、政治力もあるコルネリアスのところへ相談に行く。コルネリアスは、カリスタがはっきりとキリスト教徒であることを否定しているならことは簡単で、彼女はただ皇帝に対して誓いさえすれば直ちに釈放されるだろうと言う。ところが、カリスタはキリスト教徒であることを否定しているにも拘わらず、神々に一抹の香を焚くことにも皇帝の名によって誓うことにも頑として応じないのだ。

カリスタがシッカの街の行政長官の前に出頭しなければならない日がやってきた。特別の許可を得たアリストは、出頭の前にカリスタに面会に来る。彼女の姿は見る影もなく、まるで別人のようになってしまっていた。しかし、それよりも信じがたいことには、カリスタは兄を見るや否や、「時間がない。早くキリスト教の司祭を呼んで来てください！」と叫んだのである。

カリスタは行政長官の前で、自分はキリスト教徒ではないとはっきり宣言し、キリスト教徒の礼拝所へ行ったことも、キリスト教徒としての誓いを立てたことも、また犠牲の儀式に与ったこともないと断言する。しかし同時に、偽りの神々に犠牲を捧げることなどできないときっぱりと拒絶するのであった。これを聞いてアリストは、

「カリスタは気が狂ってしまった！　彼女は神殿のために、他の誰よりも多くの仕事を熱心にしてきた敬虔な者です！」と必死になって弁明する。しかし、兄がどんなに弁明したとしても、本人が応じない以上、どうすることもできない。困り果てた行政長官は、カリスタを一旦拘置所へ戻し、その間にカルタゴの役人の指示を仰ぐことにしたのである。

再び拘置所へ戻されたカリスタのもとへ、アリストはコルネリアスから紹介されたポレモというギリシア人の哲学者を連れてくる。ポレモはかの大哲学者プロティノスの友人だという人で、カリスタの前で滔々と哲学論議をする。しかし、カリスタはそのようなものによっては少しも動かされないばかりか、かえって自分の心の中の本当の問題を披瀝する。ポレモはとても自分の手には負えないと悟って帰っていく。

カリスタに最後のチャンスが与えられた。コルネリアスの尽力で、実際に犠牲を捧げなくても捧げたとして署名だけすれば釈放されることになったのだ。ところがカリスタは心の中の声にあくまでも忠実であろうとして、この最後のチャンスをも拒否してしまう。アリストの妹に対する愛は強いが、妹の心までは理解することができない。彼は妹の現世の幸福だけを望んでいるのだ。妹の心をどうしても変えることができないアリストは、苛立ちと失望からついに自己破壊へと向かってしまうのである。

孤独と静寂が支配する独房のなかで、カリスタはそれまでしっかりと身につけていた福音書を取り出し、やがて静かにそれを読み始める。カリスタは知性と心のすべてを傾けつつ、また心の中で自分に語りかけてくる〈パーソナルな声〉にじっと聞き入りつつ読み進んでいく。すると、その声の主は次第に現実の人格として彼女に姿を示してくるのだった。それと同時に、彼女には自分自身の本当の姿も見えてきて、彼女はだんだんと自己嫌悪に陥っていった。しかし、その自己嫌悪はやがて自分の本当の姿を受け容れる謙虚さへと変わっていったのである。そして「罪の女とイエスとの出会いの場面」（ルカ七・三六―五〇）にまで読み進んだとき、カリスタは自分がその罪の女であることに気づき、そのままの自分がイエスに受け容れられていることを悟るのである。そこからカリスタの心の転向が始まる。それは単なる思想的な転向ではない。それは、哲学も思想も、生命も愛も、一切を自らの中に宿す唯一絶対なる人格との出会いであった。そして、その人格と彼女の人格とが向き合うことになるのである。

セシリアスが警戒の網を潜って牢獄を訪れたとき、カリスタはいささかも躊躇することなく「洗礼を授けてください！」と懇願した。洗礼の水が額を流れたとき、かつて味わったことのない平和と静けさが彼女の心を満たしたのである。彼女が渇望していたのは、そして心の中に絶えず聞いていたある声というのは、愛そのものである絶対的で、人格的に実在する御方の声であった。カリスタは、遂に自分を愛し生命までも捧げて愛を証してくださったその御方に出会ったのだ。この御方こそ、真実で唯一無二の愛そのものであり、その御方にすべてを賭けることができる。愛に一切を賭けるとき、死は終わりではないどころか、愛である御方と永遠に共にある〈いのち〉の始まりであると確信し、その愛にすべてを委ねて、カリスタは残酷な刑具の上に身を横たえるのである。

カリスタの死後、不思議なことがたくさん起こった。とりわけ顕著な出来事はジューバの回心である。ジューバはカリスタの遺体が安置されている教会の入り口で、十年間毎朝ミサに与っていたが、ある朝ミサの後に司教のところへ行って洗礼を授けて欲しいと申し出た。カリスタが彼に現れて真正な心を取り戻させたのだと言う。洗礼を受けたジューバはカリスタの霊廟《れいびょう》まで進み、そこで夜を徹して祈り続けていたが、翌朝、そこには祈りの姿勢で息絶えている彼の姿があったのである。他方アジェリアスは、後年シッカの司教となった。彼はカリスタの遺体が安置された中央祭壇で毎朝ミサを捧げていたが、ディオクレティアヌス帝の迫害時代に殉教し、カリスタと同じ祭壇の下に葬られたのであった。

二　物語の舞台設定、人物描写、物語の構成

（1）物語の舞台設定

物語の舞台は三世紀中葉におけるローマ帝国の属州、北アフリカの首都カルタゴの中心的な街シッカである。作者は物語を始めるにあたって、まず読者の面前に豊かな自然に恵まれたのどかな風景を示し、その中心にシッカの街を設定している。シッカは読者の視座の中心に設定されているとはいえ、風景の中心にあるわけではなく、眼前に広がる風景の北東の荒涼たる険しい山岳地帯にある。それに対して西南は、明るく豊かな田園地帯で、多彩な色調で織り成された深々とした森林がアトラス山脈にまで連なっており、彼方にはヌミディア地方の山々もかすかに見えている。

広大な風景を眺望した後、読者の目は街の周辺へと導かれる。そこでは人々の裕福な暮らしぶりを窺わせる情景が展望される。平地には庭園があり、ぶどう園、とうもろこし畑、そして牧草地もある。並木道が通り、地中海にまで通じる人道も出来ている。山の斜面にはオレンジの果樹園があり、オリーブやパームのプランテーションも行われている。この土地の持つ肥沃さは読者の目には見えないのだが、実はアトラス山脈より湧き出る泉が大地を潤していることに由る。作者は読者の想像力をこの美しい草木や果実に生命を与え、生かし続ける泉へと

いざない、読者の心を見えざる生命《いのち》へと潜ませるのである。

彼方に見え隠れしている粋を凝らした私邸や公共の建造物、高い岩山にそびえる大聖堂や寺院などを展望した後、読者はシッカの街全体が良く見えるように街の南東に立たされる。街の中にはさまざまな宗教の寺院が混在している。丘を上下する狭く曲がりくねった道の外側には、公衆浴場、劇場、神殿、競技場、長い柱廊、乗馬姿の皇帝の像などが立ち並び、中央には大きな噴水が水しぶきを上げている。このような一大パノラマを眺望した後、読者は裕福な農場へ連れて行かれる。そこに物語の最初の人物が登場するからである。

冒頭の牧歌的パノラマは物語に登場する人物の導入、そこでこれから発生する事件の展開と推移、さまざまな人物の人格的な成長などを効果的に演出するための舞台設定として工夫が凝らされている。色彩の濃淡、光と影、音の大小、風景の起伏と遠近、などなど、広がりと奥行きを持たせた情景描写はそこに登場する人物をくっきりと浮かび上がらせる効果を持っている。

読者が眼前に広がる情景に見とれていると、その耳に蝉や小鳥たちの鳴き声が入ってきて、そのうちに今度はギリシア古謡の調べが響いてくる。その調べは小道の向こうの繁みから聞こえるようなので、じっと聞き耳を立てていると、それは少しずつ大きくなって近づき、次第にはっきりと聞き取れるようになる。そのとき作者は、ぶどう畑で働く奴隷たちの間にひょいと最初の人物を登場させるのである。

(2) 人物描写

『カリスタ』における登場人物は、一人ひとりがその風貌をはじめ、身体的特徴から外見上の人となりまで、立体的な輪郭で描き出されている。物語の主要な人物アジェリアスと中心人物であるカリスタについては言うまでもなく、彼らを精神的に導くセシリアスは勿論のこと、アジェリアスの弟ジューバ、継母のガータ、徹底した現世主義者であり実利主義者であるジューカンダス、誇り高きギリシア人アリスト、ローマ人のコルネリアス、哲学者ポレモ、遣い走りの少年など、主要な人物からほんの端役に至るまで行き届いた細かいタッチで描かれ、物語全体の中でそれぞれの役割を演じきっている。登場人物の一人ひとりが個性的で主体的な生きた人物となっていて、物語を立体的で奥行きの深い生命感と躍動感にあふれたものとしているので、物語が現実味を帯びて読者に迫る力を持っているのである。

まず、アジェリアスであるが、彼は、膝まで丈のあるチョッキを着、腰のところでベルトを締め、長靴を履いていて、風貌はヨーロッパ的である。穏やかで明るい声の持ち主であるが、遠慮がちで田舎っぽいところのある素朴で正直な青年で、都会を好まず世間ずれしていない反面、悪に対する警戒心がない。次いで、彼の生い立ちや人格形成に与えた家庭環境や学校生活をはじめ、現在の状況も細かに叙述され、性格や内面の状態と変化など心理的な面まで繊細な観察眼と鋭い洞察力を持って描かれている。

中心人物であるカリスタについては、後で詳しく触れることになるので、ここでは簡単な紹介にとどめておく。カリスタは顔立ちの整った高貴な雰囲気を漂わせている背のすらっとした美しい一八歳のギリシア人の少女である。その美しい容姿には豊かな教養に育まれた内的な資質が溢れ出ていて彼女を一層美しくしている。カリスタは多少感情的で激しいところもあるが、感情に流されて自己を見失うことも、主客を混同することもなく、事態を客観的に見て的確な判断を下し、速やかに行動することが出来、はっきりと自我に目覚めた少女として描かれている。

アジェリアスとカリスタの間に介在し、彼らに対して精神的な指導者の役割を果たすセシリアスは、危急な状況にあっても動じることのない、老練で落ち着きのある立派な人格を備えたカルタゴの司教である。彼についても、後に詳しく触れることになり、自ずとその人物像が明らかになるであろうが、端的に言えば、セシリアスは物語の〈心〉のような存在である。

ニューマンの人物描写の特色は、登場人物の内面の状態が外界の自然の情景との密接な繋がりのもとで描かれていることで、人物の心理的な変化および人格的な成長を描写するのに周囲の情景はきわめて重要な素材となっている。たとえば、カリスタから求愛を退けられたアジェリアスが熱病に倒れ、セシリアスの手厚い介抱で意識を取り戻し、次第に健康を回復し精神的にも立ち直っていく間の心理的と肉体的な変化の過程は、空気や色彩をはじめ、作物の成長や収穫の状況や、それに星辰の動きと静寂の支配などなど、周囲の情景の変化とオーバーラップして描かれるのである。

また、ジューバの利己的で荒れた心の状態も魔女ガータの棲む原生林の暗闇と一体となって描かれるが、ある見えない力に導かれて密林を出て行く過程で、ジューバは自分自身の暗黒の部分からの脱出を達成するのである。ガータのところから逃げ出し、原生林を通り、恐ろしい獣たちと出会い、自然の中に身を置くことなどによって、自分の中にある何かに目覚め、次第に彼自身の内部にある暗黒の部分から脱出する。そして、種々様々な動物たちの間を、夜闇を、森を通り抜け、山を登り進み行くうちに、超自然的な力に強められていく。昔の自分を引きずりながらも、自分の意志とは別に働く抗い難い何かの力によって、ぐいぐいと祝福と平和の方へと引き込まれ、カリスタの側、つまり恩寵の側へと移行していくのである。

老いたる醜悪な魔女であり、憎しみの権化、闇の勢力であるガータに対して、若く清純な乙女カリスタは絶対的な愛に向かう恩寵の器であり、ジューバはこの両者の力関係の間にあるかのように描かれている。すなわち、ガータのもとを逃れたジューバはやがて本来の自己にめざめ、カリスタの影響で最後には自己を超越するのである。

（3）　物語の構成

中心人物であるカリスタに焦点が絞られていくのは後半になってからであるが、それまでの風景や情景描写、登場人物、さまざまな事件の推移と展開など、すべてはカリスタを舞台の前面中央へ導き出してくる導入のような役割を果たしている。

『カリスタ』には、さまざまな事件が発生してそこからストーリーが展開していくといった幾つかの〈やま〉が用意されている。とりわけ、物語の中程で描かれるイナゴの大群の襲来からその過ぎ去った後の惨状に至るまでの過程は、民衆を次第にキリスト教徒の迫害へと駆り立てていく心理的な推移と重なって、ストーリーを新たな展開へと導いていく大きな山場となっている。ストーリーのこのような展開を通して読者の興味はカリスタという一人の人物に集中させられ、ついには彼女の内面にまで引き入れられてしまうのである。

こうして読者はカリスタの内面に入っていくと、〈罪の女とイエスとの出会い〉の場面がカリスタとイエスとの、最初でしかも決定的な出会いの場面になっていることに気がつく。この場面はほんの二、三行で書かれているだけで、物語のかなり終わりのほうに出てくるために見落とされがちであるが、後に牢獄を訪れたセシリアスに対してカリスタが、開口一番に言った「あの女に、あんなに優しく語りかけたその御方をわたしにもお与え下さい」

という言葉と合わせて考えると、実はこの場面が物語の中心となっていて、それまでの叙述はすべてそこへ導くための前書きであったとさえ思えるのである。作者は読者をそこまで一気に引っ張っていき、その一点に読者の注意を集中させると、今度はそこから読者をカリスタとともに別な高みへ導いていくかのようである。この場面がカリスタに全く新しい地平を開く転向点ともなっているからである。

もし、この一点へと集中していく物語の進行を求心運動として捉えるならば、そこからカリスタの内面が急速に変化し、愛と生命を賭けて呼びかけに応えていこうとする物語の展開は上昇運動にもたとえられる。そして物語全体はこの点を中心に、ちょうど池に投じられた石が波紋を生じ、それが次々に外側へ波及していくように構成されているとも考えられる。

また、もう一方で、超越的な人格に対する絶えざる憧れ、そして上からの呼びかけ、つまり〈神と私〉という縦の一線が物語を貫いていることに気づく。さらに、他の人格の内発的な成長は他の人格と出会うことなしにその止揚はあり得ないが、カリスタにおいてはあの場面が決定的な契機となっている。したがって、前述したように、あの縦の線と横の線とが交叉する点は、またあの〈罪の女とイエスとの出会い〉の一点とも重なっているのである。

この物語のはじまりは終わりと有機的に結びついていて、物語の全体はある一つの雰囲気に包まれているかのような感がある。その雰囲気というのは静けさである。いや、〈神の静けさ〉といったほうが良いかもしれない。自然を超越するある存在と同時に自然の中に内在する存在はまた、地下深くに潜みつつ地表の豊かさを育む生命《いのち》でもある。つまり、物語全体が神ご自身の中に包み込まれてしまっているかのような静けさを醸し出しているのである。この静けさは物語の最後まで乱されることなく続いている。カリスタの殉教の場面はあまりにも残酷で凄惨である。だが、それにもかかわらず、彼女の死後物語に漲るのは静かな喜びであり、天上的な平和なのだ。物語を包むこの静けさと平和は一つにはカルタゴの司教セシリアスの人格から来るのではないかと思う。ちょうど物語の最初に紹介されたあの隠れた泉が豊穣な風景を育んでいるのと同様に、謙遜、信仰、愛、祈りによって自己の内に、また神の内に沈潜している彼の内的な深さがそのまま物語の深さとなって、物語に計り知れない奥行きを与えているのだ。先にも述べたように、セシリアスはいわば物語の〈こころ〉のような存在である。長い年月と多くの経験を経て今の彼自身に至ったこの老練なキリスト者の人格の内に潜む恩寵の優位は、イエスと出会って短時日に殉教した少女カリスタにおける恩寵の勝利に繋がるものでもある。

＊　＊

以上見てきたように、『カリスタ』はそのあらすじから見ても、物語の舞台設定、人物描写、物語の構成から見ても、最初から最後まで読者の心を捉えて離すことなく読み進ませる魅力と迫力を持っている。しかし、この物語の主人公であるカリスタの心の変化と成長、そして完成への過程という内面の世界が、この小説のテーマと深く関わっているのであるから、次にカリスタの人格に的を絞って、彼女の生い立ちからキリスト教に帰依して殉教するまでの心の変化と成長、そして、その人格の完成に至る道程について精しく分析し考察していきたい。

三　カリスタの人格形成と成長の軌跡

（1）カリスタの人格形成の基礎

カリスタが生まれ育ったギリシアの眩いばかりに明るい自然風土と、その豊かな精神的・文化的土壌が彼女の感性を育み知性を高めていったことが語られている。しかし、それ以上に彼女の人格形成の上で大きな影響を与えたのは、キリスト教徒だった乳母のカイオーニである。カリスタの家庭環境については何も語られていないが、幼児期から思春期にかけてのこの乳母との人間関係が彼女の人格形成の上で決定的な基礎となっている。カイオーニはキリスト教徒の家庭に生まれたクリスチャンの奴隷であったが、その主人の死後、カリスタのところへ乳母として来たのである。彼女がカリスタにキリスト教について教えたという記述はないが、彼女がキリストのことを語るときはいつも歓びで頬を染めたことがカリスタの忘れ得ない思い出として心に残っている。[1] カイオーニは何かに満たされている人のようであり、その満たされた幸せが他人に対する思いやりとなって溢れ出ている善意の人以外の何者でもなかった。若くして亡くなったが、彼女はカリスタの心に、これまで出会ったどのような人とも違う強烈な印象を刻み付けていた。このようにカリスタの天性の資質という土壌に、カイオーニによってある絶対的な価値の種が蒔かれ、それはギリシア的知性と感性の養分を得て、彼女の中でやがて主体的な自我へと成長していくのである。

（2）　カリスタの人格的な成長

カイオーニとの出会いを基礎として、一八歳の青年期に達したカリスタにはこれからの人格的な成長の方向づけがすでに確立している。それは知・情・意を含む彼女の存在全体を限りなく充足しうるようなある存在、もしくは対象へ向かうはずのものである。彼女の存在のすべてを賭けることのできる完全なある位格的（personal）な愛の対象へ向かって彼女自身が主体的に成長していかざるを得ないような方向性である。他方、彼女が何かを憧れるとか渇望するということとは別に、彼女の方からはそれを打ち消すことも、それから逃れることも出来ない自分とは別のある人格（person）からの語りかけのようなものが彼女の実存の深みにある。こうした状況を内にはらんでいるカリスタは、アジェリアスとセシリアスとの出会いを通してその人格の統一を深めていくのである。

［アジェリアスとの出会い］

アジェリアスがカリスタのもとへ自分の思いを託した花束を持ってやって来たとき、カリスタはその花にやがて萎れていくであろう自分の姿を投影するのである。彼女はそれまでも自分の命のはかなさを漠然とは感じていたが、このときそれを一層深く自覚する。カリスタにはキリスト教徒は時と共に枯れて萎れてしまう花のようなものではなく、時空を超えることが出来て決して空しくなることのない人たちなのだという憧れと期待がある。それであるのに、アジェリアスは彼女のこうした内面の深い渇きには思い至らず、相手の心を思いやる心の余裕ももたない。

アジェリアスは自分のことばかりを語って肝心の〈主〉については語ってくれないどころか、彼が語るのは掟や義務、それに周辺のことばかりである。カリスタにとって本当の宗教はそのようなものとは違い、愛によって人格的に関わっていくようなものであり、愛は他者に向かうもので、自己から出て自分を与え尽くすことなのである。その点から見れば、アジェリアスが愛だと思い込んでいるのは、実はその立場が逆転し、自己を目的とする利己主義のように思われる。カリスタは、自分が露のように消えていく存在であることを実感しているからこそ、生と死、時間と空間を超越しうるもの、永遠で絶対的で、彼女を完全に所有し得るものが必要で、それなくしては安らぐことが出来ないのだ。

カリスタの一途な態度に圧倒されて、アジェリアスは彼女が超地上的な愛へ真っ直ぐに進んで行く者であることを悟り、ここに至って彼ははっきりと人格的な神の存在を語るのであった。そしてカリスタはアジェリアスが〈主〉について語るとき頬を染めたことを心に留めるのであるが、アジェリアスとの対話を通して自分の心の激しい渇望が地上の目に見えるものや衰え行く美しさにではなく、それらを超えたはるかに確実なるものへ向かっていることを再認識するのである。そして、彼女に存在の意味を与え、彼女の知性と感情とを満たし、全人格をもって愛することの出来る〈人格的な対象〉がなければならないということをさらに深く自覚するのであった。

［セシリアスとの出会い］

危急な状況下にあって泰然自若としているセシリアスに惹かれて、カリスタは自分の宿命と思い込んでいることを彼に話し始める。彼女がこれまで聞いたり体験したりしてきたキリスト教には不思議な美しさがあり、それに惹かれるのだが、自分はキリスト教徒にはなれない宿命を背負っているというあきらめの気持ちと、何とかしてそれを乗り越えたいという強い願望とが彼女の中で混在している。

カリスタは、宗教や信仰の起源と発展ないし形成についての通俗的な見解を持っている。宗教というものはある少数の人々の心の中の特別な何かに訴えるところから始まり、最初は漠然としていた信条が次第に形を成していって人々の心を占有することから生じると考えている。そして彼女は、人類はさまざまな精神的な様相を持ついわば層のようなものを成していて、人間は決してその層を出ることは出来ないのと同様に、自分もキリスト教を信じる者にはなれないのだと思っているのである。

最初は一般論にこだわっているように見えたが、カリスタはどうしてもキリスト教を信じることが出来ないという個人的な困難さを打ち明け始める。彼女は、「キリスト教というのはそれについて話したり想像したりすることは可能で、考えとしては理解できても、信仰者になることは不可能であり、美しすぎて夢以外の何ものでもあり得ないように思える。しかし、ギリシア人がみな永遠の地獄へ行ったし、これからも行くであろうなどという教えは信じることは出来ない」と言う。彼女の話を聞いてセシリアスは、一般論ではなく、実はカリスタという一個人が永遠の地獄へ行かなければならないという恐ろしい運命など信じられないと言いたいのではないかと問う。これを聞いてカリスタは「はっ！」と我に返り、話題を自分自身の問題へと転換する。セシリアスは、自分の問題を解決しない限り、たとえ何年生きても心の重荷は増大するばかりであろうと言って、カリスタの人格と真向うのであった。

セシリアスは、はっきりと人間存在の本質を指摘し、事実を事実として直視するようにカリスタを励ます。カリスタが持っている問題は、彼女自身の魂に関わる問題であり、また人間存在の本質に関わる問題なのだ。セシリアスは、人間の本質は何よりもまず〈私〉と言えるものであり、その私は死んでもなお生き続ける〈私〉またはあなた〉なのであり、人間は永遠にこの〈自己〉から逃れられない存在であるという大前提を設定した後、例を挙げながら一歩ずつ論を展開していく。[2] たとえば、「会話をしたいのに会話が出来なかったり、音楽が好きなのに演奏する楽器がなかったり、知識に飢え渇いているのに学ぶべきことがなく、心を寄せたいのに愛すべき人がいないなどであったとしたら、人間はどんなに惨めだろうか。また、自分は愛していないし、好きでもなく、その目的も理解できないような人々の間にいるとしたらどうだろうか。全能なある御方がおられるとする。しかし、その御方を嫌いで、考えることさえ嫌で、何の興味も持てないとする。でも、その御方しか居られなくて、その御方から逃れることが出来ないとしたら、これ以上に酷いことがあるだろうか。そしてもし、そのような状態が永遠に続くとしたら、これ以上の苦しみがあるだろうか」などである。セシリアスはさらに、「魂はそこに安らぐことのできる外的な対象を必要とする。ところが、この目に見える地上を去ったとき、何もそのようなものについての見込みがなかったとすれば、そこで起こってくる飢え渇きや心の悩みは炎のように人の心を苛むのではなかろうか」と言ってカリスタの思考を次の段階へと導くのである。

セシリアスは、カリスタの心の中にある渇きを癒せるものが地上にはないとしても、もしそのような対象の方から語りかけてくるメッセージがあって、そのメッセージがその御方について教え、その御方がそのような渇きを癒して下さると異口同音に言っている人々がいるとすれば、それこそある客観的な真理が存在する証拠ではないだろうか。そうであるなら、それに耳を傾けなければならないし、その御方に「信じられるようにしてくださいい」と願うべきではないだろうか、と語るのであった。セシリアスは、今や単刀直入にキリスト教徒の礼拝と愛の対象について説明し始める。

「永遠で変わることのない唯一絶対の愛が存在する。その愛は私たちと同じ人間になって、十字架上で生命を捧げるほど私たち一人ひとりに対する愛を証しして下さった。もし、私たちが心を開いて、〈私〉に対するその御方の愛を受け容れるなら、その同じ愛が私たちの心の中にも注がれて、私たちもその愛に与かり、その御方と同じように死を賭けても愛することが出来るようになる。死は最高の犠牲であり、死は決して終わりではなく、愛する御方との永遠の一致へと導くものである」と。そして、セシリアスはこの御方に近づいてはどうか、とカリスタを招くのであるが、彼女を支配しているのは悲劇的ともいえる自分の宿命に対する諦念であった。

そこでセシリアスは、自分の体験を語り始める。彼は、かつては誇り高く厳格なローマ人で、悪癖もあり、快楽を好み、文人で、同時に政治的な地位もあり、複雑な交友関係も持っていた。そんな彼を、自分が何者であったかさえ忘れさせ、かつて愛していたものを退ける力を勝ち得たのは、共にいてくださる御方の恵みであった。このようにセシリアスは、上から自由に与えられる恩寵の無償性を語るが、人間の方からも自由に望み、同意することが必要なのだとも語るのであった。

セシリアスが自分自身のことを語ったとき、この誇り高く感じやすいギリシア人の少女にある反応が起こった。カリスタは、始めてセシリアスも自分と同じような弱い人間であることを知り、共感を覚えたのである。彼女がそれまで神と思ってきたものは地上的なもので、官能的でさえあり、尊敬はおろか信じることなど出来るものではなかった。彼女は真理と愛、そして聖なるものに飢え渇いていたが、それを自分の宗教の中には見出せなかった。その宗教の指導者たちは低俗で、偽善的で、腐敗し切っていた。カリスタはセシリアスの中に、優しさと穏やかさが力強さと共存しているのを感じ取ったのである。それは彼女がこれまで経験してきたものとは全く違った新しいもので、人間を超越するある聖なる、そして真実な存在であった。それなのにセシリアスは自分を普通の人間であり、罪人であると言っている。カリスタは恩寵によって全く新しい人に変えられてしまった一人の人に出会ったのである。

四　カリスタの内的変化から人格の完成へ

（1）　カリスタの内的変化

カリスタの内面の変化は人間がさまざまな精神的な機能を駆使して意識的に人格的な成長を遂げていくのとは違って、変化の過程は直接には経験できないが、彼女の中に播かれたある種が内部から生成発展して行くようなものであった。

カリスタに対してキリスト教の証人となったあの三人はそれぞれに生い立ちも、環境も、立場も、そして人格も異なっていた。それにもかかわらず、それぞれが表明していた信仰は驚くほど一致していたし、彼らの言葉は共通していた。(3)彼らはそれぞれに心の中に何か神的な存在を宿しており、彼らにはその存在との友愛あるいは相互愛というようなものが感じられた。カリスタはキリスト教のことを考えれば考えるほど、それはギリシアの神話や哲学、またはローマの政治と一致した宗教などのような観念的なものと違って、現実的で目に見える実体のあるものと思えてくるのであった。そしてこのような漠然とした印象は、彼女の中で次第に主体的な考察へと発展していき、やがて非常にはっきりとした概念が形成されるに至るのである。

彼女が理解したのはおおよそ次のようなことである。「全能全善で無限である天地の創造主がおられる。その御方は人々の魂、とりわけわたしの魂を非常に愛されたので人間となってこの世に来られた。その御方はすべての魂をご自分と一致させるために苦しみを引き受けて下さった。その御方は愛することを望んでおられ、そのことをご自分で語られ、愛して欲しいと訴えられた。そして、その御方は、ご自分を受け容れた人々の魂の中で実際に深い交わりをしておられる」などであった。

他方、カリスタには嫌気、疑い、否定、逃げ出したい気持ちなどがあったが、こうした主観的な気分とは別に、どうしても逃げられないような力に次第に捉えられていくのも実感する。それはやがて彼女に微笑みかけ、約束し、〈永遠〉の視野を開かせ、明確な知覚と調和、それに説得力をもって彼女の確信を強めたのである。彼女は自分の魂がそこへ向かっている対象をまだはっきりとは把握していないが、すでにこの真理の観想へと駆り立てられていた。確かに彼女の内部には大きな変化が起こっていたのである。

獄舎を訪れた哲学者のポレモに、カリスタは自分の心の中に感じていることについて話す。彼女の心の中には自分とは別の声があって、彼女に「これをしなさい、あれをしてはいけない」と語りかけている。[4] それは単なる〈何か〉ではなく地上の何ものにもまして現実性を持って彼女の人格に迫ってくる〈誰か〉なのである。まだその実体に触れ得ないでいるが、彼女はこの内的な導きである御方を礼拝し、その御方に一切を捧げたいと思っている。だが、彼女はまだ真理を知らないし、語りかけの主体とも出会っていない。今は〈中間地帯〉にいるのだ。

肉体的には獄舎の中の囚われの身であり、精神的には中間地帯にあるカリスタは、静寂と孤独の中で、セシリアスから「私たちが愛している御方が誰であるかが書かれている」といって手渡された羊皮紙を帯の下から取り出して読み始める。カリスタは吸い込まれるようにその中に入っていくが、読み進むうちに彼女の知性が渇き求めていた対象と、彼女の心の中で呼びかけていたパーソナルな存在とが、形をとった一人の現実的な姿として彼女に迫ってきたのである。そこには、彼女の良心に語りかけ、彼女がその声を聞いていたその御方が、そして彼女の方からも求めていたその御方が、さらにカイオーニとアジェリアスの頬を染めさせた御方がいたのである。

その御方の姿は彼女の中に深く入り込んできたが、それは真理に満ちた現実の人間の姿であった。(5)

彼女の知性と心の中の声とが求め続けてきた対象が具体的な姿をとった人格としてはっきりしてくるにつれ、彼女にはそれまで見えていなかった自分の姿が見え始め、かつて経験したことのないような自己認識を促され、孤独の中で自分の本当の姿を見詰めることになるのであるが、それはまた自分との本当の出会いでもあった。カリスタが自分の本当の姿と向き合い、自分の惨めさの淵に沈んだとき、その淵へと神の憐れみの愛も下った。そしてその愛は、彼女が自分と出会ったその淵から彼女を全く新しい世界へと引き上げたのである。

彼女の新しい世界への転向はまず思想の変革であった。兄のアリストは彼女にかねがね「未来に信を置かず、現在を楽しめ」と言っていた。しかし彼女は現在を楽しむことは出来ず、未来にも希望はなかった。さりとて信頼すべき何かも持っていなかった。ところが、この書物はアリストが教えたことと全く反対のことを教えてくれたのである。未来のために現在を犠牲にしなければならないこと、見えるものは見えないものの真に譲らなければならないことなどであった。「真の喜びは放縦によってではなく、克己によって達成される」、「弱さが力である」、「知恵への道は愚かさである」、「栄光への道は不名誉を受けることである」など、カリスタはこの書の中にこの世とのパラドックスを次々に見出した。また彼女はこの自然の秩序や調和の背後にはそれらを超えた美があることや、人間の知性や純粋な人間の愛が与え得るものよりも深い平和と静けさがあることなどを理解した。彼女は、あのキリスト教徒たちが彼女に与えた不思議な落ち着きが何であったかを理解し始めた。

こうしてカリスタは生と死、行い、苦しみ、富や才能、などなど人生のあらゆる問題に新しい意味を見出したのである。そして彼女は自分の存在も歴史も現在の状況も未来も、すべてを新しい光の中で見るようになった。

何にもまして彼女を支配したのは、この素晴らしい哲学をすべてご自分の中で実際に生きて示してくださったその〈御方〉への思いであった。

＊　＊

カリスタが新しい世界へ向かう転向点となったのは、〈罪深い女をイエスが赦す場面〉（ルカ七）であった。哀れな罪の女に対するイエスの優しさと受容はカリスタにはそのまま自分に対するものとして受け止められた。

牢獄のカリスタをセシリアスが訪れたとき、彼女は迷うことなくキリスト教徒にして欲しいと懇願したのである。あの罪の女にあれほど優しく語りかけて下さったその御方が彼女にも語りかけておられると感じ、その同じ御方が、彼女をも罪の重荷から解放して自分を受け容れて下さることを望み、それを確信したのであった。その御方によって受け容れられたいという願望と、自分もその御方を受け容れるという意志が同時に働いたのであるが、彼女の人格的決断に先行してその御方の方からの人格的な呼びかけと恩寵があり、この両者の出会ったところでカリスタの回心が行われたのである。それは思想的な発展や心境の変化といったものではなく、イエスという一人の人格からの招きに対する応えとしての回心であった。その御方は罪人である自分を愛し、罪を赦して受け容れて下さったばかりか、十字架の上で死ぬほどまで愛して下さったという信仰と共に、彼女の心にはその御方に対する信頼が生まれ、いのちを賭けてもその御方の愛に応えていこうという堅固な意志を伴った回心であった。カリスタのこの決意を知ったセシリアスは、彼女の求めに応じて洗礼を授けたのである。

（2） 人格の完成へ

その唯一の御方に賭けるということは、今この迫害の嵐の中では残忍な死を引き受けることでもあるが、カリスタは死を通してそのお方と見《まみ》えることを信じて死を恐れない。カリスタは自分を愛し、自分のために死んでくださり、ご自分を与えて下さった御方に出会ったのだから、今度はその御方に自分を捧げること、いのちを最高の犠牲《いけにえ》として捧げることを決めたのだ。彼女にとって死は終わりではなく、永遠にその御方と共にいる結婚のようなものとなったのである。(6) いま彼女が死を引き受けることは、ある理想や主義主張などのために生命を賭けるのと違い、確実に愛されていることを信じ、その人格的な愛に全身全霊を尽くして応えることであった。

法廷に出たカリスタははっきりと信仰告白を行い、拷問と死を受諾した。刑の執行が近づくにつれ、彼女の表情は変化し、その顔はかつてなかったような穏やかで慎ましい顔に変容していった。頬はかすかに染まり、目は群集には見えない何者かをじっと見詰めているようであり、唇は安らかな平和と深い落ち着きを語っていた。刑具の上に身を横たえたカリスタは愛する御方に自分を捧げ、苦しみの床にある自分を受け容れてくださるようにという最後の言葉を残して、主であり愛である御方の元へと旅立ったのである。

愛によるカリスタの死は彼女の人格を完成させるものだった。彼女はその短い生涯を目標へ向かってまっしぐらに突き進んだ。自分とは別の、また自分を超えた絶対の人格的な存在を知った時、その存在を認め受け容れ、その呼びかけに応え、自分の全エネルギーをその存在に捧げ尽くそうとした。心の中の声にあくまでも忠実であり、一貫して絶対的な価値を追求したカリスタは、一八歳にしてすでに成熟し、人格を完成させたのであった。

五　『カリスタ』をめぐるテーマについて

これまでの分析を通して明らかになったことは、カリスタの人格の成長を促した内的な要因が、彼女に語りかけていたいわゆる〈心の中の声〉と彼女自身の〈魂の憧れ〉であったということである。心の中の声というのはニューマンがconscience（良心）と呼んでいるところのものであり、魂の憧れはニューマンの言う〈神と私〉の問題と共通するのではないだろうか。『カリスタ』の中で際立っていたこれらの点について、まず考察したいと思う。次に、〈人格的な影響〉と〈愛と赦し〉についての若干の考察も加えておきたい。

（1）〈心の中の声〉と〈魂の憧れ〉

カリスタは「これをしなさい、あれをしなさい」とか、「これをしてはならない、あれをしてはならない」という命令や禁止のような、あるいは指図のようなものを心の中に感じていた。それに従わなかったときには心に苦さや不安のような感じを覚え、それに従ったときには心の平安や喜びのようなものを感じるのであった。心の中の命令や禁止のようなものは人によってまたは場合によって変わり得るし、間違うことも出来る。しかし、その声に従わなかったときの心の苦さや不安は変わらないで残るものである。こうした心の現象をニューマンは〈道徳的な感覚〉、〈義務の感覚〉、〈理性の判断〉、〈権威ある命令〉、あるいは〈人生の案内者〉などという言葉で表現している。これらの表現は英語のいわゆるconscienceに通じ、日本語の〈良心〉といわれている言葉とも共通している。

ニューマンによれば、良心は人間性の一部であり、良心を経験することは自分の存在それ自体を経験するのと同じように不滅のものである。〈私〉という存在は〈私の良心〉に対して〈良心的な〉行為であるかどうかという訴えを起こすことによって〈自分という存在がある〉ということを明かしていると言えるが、あまりにも自明のことであるために、却ってこの事実は軽視されてしまいがちである。しかし、まさにこのことが自分とは別の、自分を超えた超越的な〈人格〉を認めざるを得ないように私たちに迫る根本的な事実ではないだろうか。

ニューマンは良心には二つの面があることを認めてこの二つを区別している。一つは人によって変わりうる面で、この変わりうる面を倫理規範の基礎であるとする。確かに人間は教育によっても、生まれ育った環境やさまざまな状況によっても、正しいこととそうでないこととの基準は変わりうる。しかし、カリスタがそうであったように、その決断を道徳的に拘束するような権威ある存在をも人間は心の中に感じるのである。換言すれば、人間は心の中に監視者のようなものを感じていて、その存在を否定することは出来ない。良心のもう一つのこうした面は外的な条件の如何によらず万人に共通で変わらないものである。ニューマンはこの権威ある監視者とも言うべき存在を、〈神〉と呼ばれる絶対的で超越的な人格が存在しなければならないことを証明するものとしているのである。そして、この〈道徳的な拘束〉が人間の意識と存在と結びついているが故に、良心の最も根源的かつ権威ある面であるとするのである。したがって、人間は自己の存在を疑い得ないと同様に、人間を道徳的に拘束するある存在をも疑い得ないとし、良心はそれが人間を道徳的に拘束するものであるので、とりわけ自己の存在を意識する特権ある位置を占めるというのである。

良心は個人的に人間を導くものであり、他のどんな知識よりも自分自身に近いものである。この道徳的な拘束は自分の心の内側にありながら、自分とは全く別の、自分の外に在るある存在に対する義務のようなものとして人間は経験する。カリスタは「これをしなさい」とか「あれをしてはならない」とか自分の中で命じたり禁じたりしているのは、この自分の中にいる人格的な存在であると言っている。それは単に人間の本性に由来する義務感のようなものではなく、自分の中にありながら自分の外にある自分とは別の人格、神的な起源に由来するもののようであるとニューマンは言う。

　カリスタは良心イコール神と言っているのではなく、「私に語りかけているある御方のこだま」だと言って、自分とは別の人格の語りかけであると言うのである。またカリスタは、心の中の声に従うときに感じる満足感や、それに従わなかったり反対したりしたときに感じる悲しさなどは、尊敬する人に対しての行為に対する反応と同じであり、心の声の主は一個の人格として感じられると言う。カリスタのこの言葉をニューマンは『有神論の立証』（*Proof of Theism*）[7]において「思想を意識することが存在を暗示する反省的行為であるように、良心で感じることは義務を負わせる外的なある存在がある、という概念を伴った拘束または責務を認めること、是認することである」と説明している。そして、こうした感情を生じさせる人間の心の特性に対してニューマンは、conscience（良心）という名称を与えているのである。これは私たちが美しいとか醜いとか感じる感情とは全く異なり、あたかも親や友人や他の人間に対して悪を行ったときには悲しみを、正しいことを行ったり、その人を喜ばせたりしたときには満足を感じるような〈人格〉に対して感じるのと同様な感情なのだとしている。ニューマンはまた、こうした良心の感情には、将来受けるであろう〈審判〉という概念をも伴うものであるとも言っている。ニューマンによれば、良心は人間行為の善悪を認識する単なる道徳感覚に留まるのではなく、他の知的な諸感覚とは類を異にした絶対的な義務の感覚である。このことは、良心によって実存的に把握された対象が生命のない存在ではなく人格的な存在であるということを示しているのである。

『承認の原理』において、ニューマンは「良心は良心を超えるものを志向しているのであり、人間は自己決定に際して自己を超える何らかの拘束があることを漠然とではあるが認識するのだ」と言っているが、これがカリスタをして〈声〉と呼ばせたものであり、私たちの心の中に〈命令〉と感じさせる体験ともなるものである。私たちは良心の示すところに従えば従うほど、今まではぼんやりとしていた心の中の声はいよいよ冴え渡って響き、人間としての威厳に添った生き方をすればするほど、私たちの中における神の存在もまたはっきりしてくるのではなかろうか。

また、人間は無限のものに対する無限の憧れを持ち、そこへ向かって開かれたものとして無限に豊かに成長できる存在でもある。このことは人間の存在それ自体に由来する。したがって、神についての人間の知識は人間存在そのものの中にあって、非常に現実的であり、それは決して偶然の知識でもなければ、表層的なものでもなく、人間の内面に形作られている自然で自発的な性質によるものである。科学的な知識は数において増していくが、人間存在の中心に向かっていく運動としての知識は、人間の精神を豊かに成長させるのである。ごく普通の素朴な人が、自分の本性と不可分に一致している良心の声に忠実に生きるとき、その人は内的な人間になり、その人が神について得た知識は生命のある生き生きとしたプロセスによって到達した知識であり、観念的な認識とは違って非常に現実的であり、同時に個人的であるとニューマンは言う。

カリスタの心の中には良心の声を聞きそれに従うという理性と意志の働きと同時に、人間に対するのと同じように、ある〈人格〉に対する親密な〈愛の感情〉が働いていた。ニューマンは、良心は霊妙で精神的な目に見えない作用であるが、常に〈感情〉であると言っている。美しいものを見たときに人間が体験するのはむしろ知的な喜びといったものであるが、対象が人格を持っている場合、人間の感情は刺激されて愛情へと変化していくのだと言う。こうしてニューマンは、良心は常にその感情がそこへと向かっていく生きた対象との関係を暗示するものであるとし、良心の感受性の感情的な面を次のように分析する。私たちは良心の声に従わなかったりそれに背いたりしたときに、責任を感じたり恥ずかしく思ったり怯えたりする。このことは、そこに私たちが責任を負い、またそこに私たちが自分を恥じたり畏れを感じたりする〈ある御方〉がいるということを暗示している。また悪いことを行ったときには、母親を傷つけたときの経験にも似て、私たちを圧倒するような心も張り裂けんばかりの悲しみを感じる。それに反して、正しいことを行ったときには心に平和を覚え、父親から褒められたときのような満足感を伴った喜びを感じるのである。このように、良心というものは、人間に後悔や良心の呵責の念、それに混乱、胸騒ぎ、自己叱責というような感情を起こさせ、同時に地上のどんなものによっても引き出すことが出来ないような深い平和、安心感、委託、そして希望といったものを与える。私たちは確かに心の中に〈ある人格的な存在〉のイメージを持っているのである。そしてそのような人格的なイメージに対する私たちの愛と尊敬の思いは、私たちに向けられるその〈御方の微笑み〉として感じられ、私たちはその中に幸せを見出すのであり、その御方に対して憧れを持ち、その御方に嘆願し、そのお方の怒りを恐れたりする。私たちの内なる感情は、以上見てきたような感情を引き起こさせるある知的な存在を必要としているのである。

さまざまな試練を経て内面の変化を経験し、信仰によって遂にイエスという絶対的な人格と出会った時、カリスタの中に際立っていたのは肉体の苦痛や死への恐怖をも凌ぐほどの内的な静けさ、心の平和であったのを見た。ニューマンは私たちの中にある無限なものに対する魂の憧れである道徳的な感情のダイナミズムと、そのような感情が〈至高の人格的な存在〉を示していると言い、〈良心〉と〈神と私〉という二つの面は、実は一つに繋がっているということを指摘するのである。

人間の魂は無限で至高なる人格に向かっているときにはじめて全人的な成長が行われる。そうでない限り人間の心は本当の意味で真に開かれるということはなく、したがって真の意味での成長もあり得ず、至高の人格的存在を心の中に宿しているとき、はじめてその御方に導かれて人格的な成長を遂げていく。そのような至高の人格は私を導く御方であり、すべてを知り、すべてがお出来になると同時に、審判者であり、懲罰を下す御方でもある。そのような御方はまた、〈父〉として認めることも出来る御方である。それは私たちの心の働きの中に、その御方に対して親や目上の人々に対して感じるのと同じような感情を持つからである。

以上見てきたように、ニューマンによれば、良心の声というのは自分を超えるある人格的な、至高で絶対的な存在を想定させるものであり、それと同時にその声に従い、または反する私たちの態度もまた人格的な行為であるということである。言うなれば、人が自分の中に自分を超えるある人格的な存在を感じ、その存在に対して人格的に応えていくというプロセスは、〈あなた〉と〈わたし〉の、いやむしろ〈神と私〉のパーソナルな関係に他ならないのである。

ニューマンは、その自伝的著『アポロギア』の中で、一五歳のときの宗教的回心において、〈神と私〉という二つの存在の深い体験があったことを記している。これは神と私の〈ただ二つの絶対的で自明の存在〉という非常に深い実存体験であり、その後の生涯を通して決して揺らぐことのない確信を彼の魂の根底に刻み付けたという。だが、彼において〈神と私〉の関係は、ただ神と共にあるとか、神と向き合うといった閉じられたものではなく、自分の周りの人々や出来事に対するたえざる興味と理解と愛、つまり他に向かって開かれたものだったのである。

ニューマンが人生の最大の目標としたのは愛であった。そしてその愛の根底には愛の交わりなる三位一体の神がおられたのである。カリスタがあの三人のキリスト教徒と出会うたびに、それぞれの人格の深みに潜む恩寵と彼女の人格とが呼応するかのように波動が生じて物語の筋はおのずと運ばれていって、遂にあの場面に至って〈神と私〉の出会い、いうなれば信仰と愛と赦しのドラマは頂点に達したのであった。

(2) 人格的影響

異教の少女カリスタがキリストとの出会いに導かれていく過程は、すでに神、キリストとの人格的な出会いを果たしていたカイオーニ、アジェリアス、セシリアスとの出会いを通してであった。彼ら一人ひとりの中には真実な決断があり、その結果ある静けさと聖さが彼らを支配しており、それがカリスタを圧倒したのであった。それは確かにカリスタの人格に対する彼らの影響であったが、一般に言うところの一つの人格の他の人格に対する影響といったもの以上のものであった。彼らの中におられて彼らを生かし、彼らを愛において一つに結んでいたのは他ならぬキリストであった。こうしてキリストにおける親密な交わりをニューマンは〈頬を染める〉という言葉で表現したのである。

ニューマンによれば、すべての人間は理性と良心を与えられているので、誰でも神の方へ導かれ、ある程度まで超自然で神的な対象を見出すことが出来る。また神の恩寵は地上あまねく行きわたっていてすべての人に与えられているので、誰でもすぐれた徳を行うことが出来る。しかし、信仰によって、また特に洗礼によって魂に注がれる恩寵は、人間の思いや動機を清め、魂を神に向けさせ、体をも聖化し、人間の本性を矯正し高めてくれる神の恵みで、この恵みは人間の心に宿って密やかに働くのである。その働きは三位一体である神、特に聖霊の働きに帰せられる。真実な信仰を持った単純素朴なカイオーニを通して働かれたのは聖霊であり、彼女が見詰めていた御方の姿に彼女自身を変容させたのも聖霊であった。かつて誇り高く厳格で、野心家で快楽を好んでいたセシリアスを、柔和、謙遜で愛深いものに変えたその同じ御方は、〈土の器〉（二コリント四・七）にすぎなかったこの乙女をもキリストの似姿に変えたのであった。カリスタが受けた人格的な影響は単に人格と人格との響き合いだけではなく、三位一体の内的な生命に関わるものであった。教養豊かなセシリアスは信仰を説明することが出来たが、素朴な信仰の持ち主であったカイオーニには、言葉なしでも無意識のうちに人を惹きつけるものがあった。ニューマンはそのような影響を〈神の静かな働き〉と呼んでいるのである。

人と人との出会いは摂理的に与えられるが、他の人格との出会いによって受ける影響も私たちの思いを超えている。それにもまして人の魂の深みで行われる影響は非常に静かで、時空を超えるものであり、人間の言葉で表すにはあまりに霊妙で説明のつかないようなものである。神、キリストにおける人格的な関わりはキリストにおける友愛とも呼ぶべきもので、このような友愛はすべての人を結びつける真実で永続する友愛であり、それはまた地上の目に見える人々だけでなく、地上では直接に出会ったこともない人々をも結ぶのである。カリスタが受けた地上影響はそのようなものであったが、彼女の与えた影響も隠れた霊的な影響であって、それは彼女の死後に起こったジューバの回心とアジェリアスの殉教であった。

（3）　愛と赦し

カリスタはあの三人のキリスト者と出会い、彼らの影響を受けながら福音書の中で罪の女とイエスとの出会いの場面へと導かれ、そこで最終的にイエスとの出会いが決定的なものとされた。筆者は、カリスタの魂の上昇志向と上からの恩寵の絶えざる働きかけと招き、他の人格の影響、これらすべてはイエスと罪の女との出会いの場面へと収斂されて行くとし、そこでカリスタとイエスとの出会いが実現されたので、その場面を人間の人格的な影響である横の線と、三位一体である神からの影響である縦の線の交わる点と位置づけ、ここが『カリスタ』の中心であり、ここにニューマンの宗教思想の核心が見えるとしてきた。いま少し、このことについての考察を加えておきたい。

先ず、ルカ福音書のさわりの部分を引用してみよう。

そこでイエスはその人に向かって、「シモン、あなたに言いたいことがある」と言われると、シモンは、「先生、おっしゃって下さい」と言った。イエスはお話しになった。「ある金貸しから、二人の人が金を借りていた。一人は五百デナリオン、もう一人は五〇デナリオンである。二人は返す金がなかったので、金貸しは両方の借金を帳消しにしてやった。二人のうち、どちらが多くその金貸しを愛するだろうか。」シモンは、「帳消しにしてもらった額の多いほうだと思います」と答えた。イエスは、「その通りだ」と言われた。そして女の方を振り向いて、シモンに言われた。「この人を見ないか。わたしがあなたの家に入ったとき、あなたは足を洗う水もくれなかったが、この人は涙でわたしの足をぬらし、髪の毛でぬぐってくれた。あなたはわたしに接吻の挨拶もしなかったが、この人はわたしが入って来てから、わたしの足に接吻してやまなかった。あなたは頭にオリーブ油を塗ってくれなかったが、この人は足に香油を塗ってくれた。だから、言っておく。この人が多くの罪を赦されたことは愛の大きさで分かる。赦されることの少ない者は、愛することも少ない。」そして、イエスは女に、「あなたの罪は赦された」と言われた。同席の人たちは、「罪まで赦すこの人は、いったい何者だろう」と考え始めた。イエスは女に、「あなたの信仰があなたを救った。安心して行きなさい」と言われた。（ルカ七・三六―五〇）

この場面から見えてくるのは、神は愛と赦しの神でもあることである。罪とその重荷にあえぐ人間は自由と責任のある人格的な存在である。愛に対する人間の限りない憧れも、罪の赦しに対する深い渇望も、私たちが父母や友人その他あらゆる人に対して抱くのと同じように、人格的な対象を必要としている。カリスタの出会った神は、「あなたを愛している」と語りかけ、「あなたの罪は赦された」と言う言葉をもって赦しと救いをもたらした。カリスタの出会ったのは、彼女の人間性全体を包み込んで癒しと救いを与え、彼女の人格に対応して愛し赦す神だったのである。あの罪の女と同様にカリスタもイエスの愛によって清められた。カリスタの回心と赦しは表裏一体の事実であった。なぜなら「赦されることの少ない者は、愛することも少ない」のだから。

運命論的な諦めをもって生きていたカリスタの心は、ギリシア的な倫理によってはどこにも安住できるところを見出せず、対等な人格によっては背負っていた罪の重荷から解放されることが出来なかった。こうした不安と重荷から彼女を解放したのは、善の追求によって得られる安心でもなければ、自己反省的な心理でも自嘲の念でもなく、また自分の外にある法則的なものに対しての諦念でもなかった。彼女はあの罪の女に対するイエスの姿と出会ったとき、その御方に自分の全存在を賭けていこうと決断したのだ。カリスタにとって神の慈悲を知ることとは信仰の理解と不可分のものだったのである。イエス・キリストを信じる信仰によって神の前に立ったカリスタは、神に対する平和を得、なお将来の光り輝く存在への進展を、希望をもって喜んで受け容れ、感謝し、死さえも喜んで引き受け、その喜びの中に自分を忘れたのであった。

おわりに

キリスト教がギリシア文化に出会ったとき、神から人間に下ってくる無償の愛、その愛を受け容れた人の心の中に生じる神に向かう愛、そしてその愛における人間相互の兄弟愛、これらはギリシア語の〈アガペー〉という一語によって確立した。しかし、こうした愛が明らかにその主題である『カリスタ』にはアガペーという言葉は一度も出てこない。本書でたびたび使われているのはラテン語の gratia に相当する grace である。恩寵または恩恵と訳されるこの言葉は神の人間に対する態度または働きかけを指すが、その意味内容については種々の理解がある。その最も狭い意味においては、イエス・キリストの十字架と復活において示された神の和解の働きであり、それは罪人を義人とし、受け容れ難いものを受け容れる愛に他ならない。イエスにおいて現され、信仰によって与る神の恩寵は、罪の赦しの恩寵であり、和解の恩寵であるだけではなく、新生の恩寵でもある。恩寵はカリスタの心に先行して働き、彼女の心を清め高めていったが、彼女が真実で強固な目的観念を持って徹底して自己を放棄することができたのは、この「土の塵よりつくられた」（創世記二・七）小さく無力な相手に神のアガペーと恩寵が結びついて、まったく新しい〈いのち〉に復活させたからである。

愛は種々異なる様相を帯びて現れるが、愛の諸相は複雑に絡み合っていて、その各相を定義づけることは極めて難しい。愛という言葉は人間の間だけではなく、また神と人間との関係を表すためにも用いられる。愛は聖書全体を通して神が人間と関わる場合の関わりの中心にある。聖書における愛は、プラトンやプロティノスなどに見られるような人間の霊が神的なものに向かって努力するといった宗教的エロスの神秘的な追求ではない。それは、あくまでも神の先行する愛に依存するものであり、人間の側からは神の先行する愛に対する感謝に満ちた応答なのである。

もし、『カリスタ』にエロスを認めようとするならば、それは善きものに向かうプラトン的な愛ないしは知を求める愛と言えるだろうか。その立場からであれば本書には〈ギリシア的知〉と〈キリスト教的愛〉の問題が見られると言うことはできるであろう。キリスト者アジェリアスが自分の宗教に対する数々の疑問を抱えて悶々としていた時、カリスタとその兄アリストのギリシア的教養と出会って彼らに魅了され、いかに生き生きとしたかを見たが、ギリシア的教養を豊かに所有していたカリスタが、ギリシア的知によってはその魂の渇きは癒されず、かえって心の虚しさを覚えていたことも見てきた。

異教の文化の中に育ったこの少女が、知・情・意と人間性のすべてをかけて魂の根源的な渇きをどこまでも追求する姿が物語を貫いていたが、物語にはまた〈神の微笑み〉という恩寵の光にもたとえられる暖かな光線も絶えず注がれていた。あの冒頭の、緑豊かな風景を育んでいた泉が隠れていたように、恩寵は物語の中で人々の心に密やかにではあるが、確実に働き、清め、暖め、高め、人々を神の似姿にまで変容させ、互いを愛において結び付けつつ物語を進行させていった。物語の最後になって、カリスタの葬儀ミサの中で、突然賛美の歌が奔流のように迸り出て来るが、それはやがて恩寵を称える大合唱となった。もう一つの捉え方をすれば、『カリスタ』は〈恩寵の賛美の物語〉でもある。

若き日に神との出会いを体験して以来、己が魂のうちに神との生きた交渉を持ち続けたニューマンにとって、神の存在についての承認は単なる概念ではありえなかった。この物語において、カリスタという一人の人物が愛と真理に向かっていく姿が生き生きとダイナミックに成長していく人間の有り様《よう》として描かれていた。本書にはこれまで見てきたようにさまざまなテーマが盛られているが、ウォルグラーヴの言葉を借りれば、『カリスタ』はまさに「ニューマンのエートスから生まれた作品」(8) であって、彼自身の〈神と私〉の体験がその魂の深みより溢れ出て結実した最もニューマンらしい作品であると言っても過言ではないであろう。

(1) ブレモンは、この表現はニューマン自身の宗教心の溢れから書かれたもので、キリスト教徒と神との交わりの最も深い真情を表している微妙かつ重大なところであると指摘している。Henri Bremond, Trans.by H. C. Corrance, *The Mystery of Newman*,（London, Williams and Norgate, 1907）, p.134.

(2) 〈私〉から出発したセシリアスの話は、人格的な存在である人間の心はそこに向かっていくべき対象を必要とするところへ展開していく。この考えは『承認の原理』に詳しい。

(3) ニューマンは啓示の本質は、真理の単なる集成や哲学的な見解ではなく、宗教的な感情や精神または特別な道徳でもないと言う。それは意見の集合のようなものとは対照的にそれ自体を証し、それ自体一つに保つもので、あらゆる時と場所で唯一同一のものとしてすべての人々に語りかけるものである。そして語りかけられた人々は直接に神から与えられた一つの信条、規律、礼拝としてそれを理性的に受け容れるよう要求する権威ある教えであるとする。（『承認の原理』参照）

(4) ニューマンは心の中にある宗教の根本原理として〈良心〉（conscience）を挙げ、人間の魂と魂以上のそれに優るあるものとの関係を暗に含むものであるとしている。（『承認の原理』参照）

(5) 知性が求めている対象としての人格、心の中の語りかけとしての人格、そして親しい交わりとしての人格が一つになって具体的な生きた一人の人間としてカリスタの前にその姿を現すのだが、それらは He, Voice, Person というように大文字で書かれている。

(6) ニューマンは説教「見えない世界」（The Invisible World）で次のように述べている。「どれほど空想をたくましくしても、信仰のうちに息絶えて歓喜に目覚めるときの感情は誰にも想像し切れないでしょう。そのとき始まる生は永遠に続くことを私たちは知っています。しかしきっと、もしそれ以後も私たちの記憶が現在と変わらないなら、永遠の世界を通じてその日を主への感謝の記念日として祝い続けることでしょう。知識も愛も永遠の中でますます強化されるでしょうが、それでも私たちが死者の中から初めて目覚めたその日、私たちの誕生と婚姻が同時に行われた日は、私たちの思いの中でいつまでも大切にされ、神に感謝する日となるでしょう。」

（7）ニューマンの未公刊のマニュスクリプトである。（全文が A. Boekraad and H. Tristram, *The Argument from Conscience to the Existance of God according to J. H. Newman*, Louvain,1961. に収録されている。）

（8）Walgrave, J. H., Trans. by Littledale, A.V., *Newman the Theologian*, （Geoffrey Chapman, 1960）, p.73.

第6章　わたしはいま　お前をやさしく抱き……
――「ゲロンシアスの夢」――

「ゲロンシアスの夢」について

一八六五年一月、六四歳の誕生日を間じかに控えていたニューマンは、修友たちとバーミンガムのオラトリオ会の家に住んでいた。この頃ニューマンは自分の死が遠くないと予感していたらしく、そのことを手紙にも書いている。彼の、死に対する思いは一月一七日に突然詩の形となってあふれ出てきて、ニューマンはそれを小さな紙切れに書きとめた。そしてどのようにしてかわからないが、三週間で「ゲロンシアスの夢」は書き上げられたという。ニューマンはこの詩をしばらく放っておいたのであるが、数か月して、ある雑誌編集者に原稿を依頼された時、神学の手持ちの原稿はないが詩ならあると言ってたまたま手渡したのがこの「ゲロンシアスの夢」であった。編集者は喜んでこの詩を持ち帰り、二部に分けて「ザ・マンス」(The Month) 誌の五月号と六月号に掲載した。するとこの詩はたちまち大評判となった。しばらくして一本として出版されると、これまた大好評で迎えられ、何度も版を重ねた。この詩の出る前年の一八六四年に『アポロギア』が出版され、ニューマンは再び人々の関心を呼び起こしていたのであったが、「ゲロンシアスの夢」は宗派を問わず、また社会の階層を問わず一般の大衆に広く受け容れられ、愛されていったのである。かのキングズリさえこの詩を畏敬と賛嘆の念をもって読んだと言っているほどである。ニューマン自身も予想外の反響に驚き、ある婦人に宛てた手紙の中で「およそ詩とは縁の無いようなある農民が、病の床にあって、この詩を黙想し祈りとしていたということを聞いた」(一八七〇年九月一八日付)と書いている。この詩は一八六八年に他の詩と共に『折々に詠んだ詩』に収録され、数年後にはフランス語やドイツ語にも翻訳され、さらに広まっていった。

しかしこの詩をいやが上にも有名にしたのは、英国を代表する作曲家エドワード・エルガーがオラトリオに作曲し、一九〇〇年一〇月三日に市の公会堂で行われたバーミンガムの音楽祭で初めて演奏したことによる。エルガー自身この作品を自分の作品中の最高傑作だと認めており、ヘンデルの「メサイア」やメンデルスゾーンの「エリア」と並び賞され、今日に至るまで英国はもとより欧米諸国で繰り返し演奏されている。わが国でも二〇〇五年に東京交響楽団により演奏上演されている。

「ゲロンシアスの夢」は、題材の点からも内容の深さや壮大さからも、英詩中殆んど類例を見ない詩であると評され、W・グラッドストーンはダンテの『神曲』に次ぐ傑作であるとし、多くの批評家はこの詩は世界の偉大な詩のうちの一つに数えられる不滅の価値を持つとさえ言っている。わが国の英文学者・石田憲次は、「ゲロンシアスの夢」では不可視界のことが出来る限り不可視界らしく微妙に幽遠に描かれていて、この詩は目に見える物質の世界とのつながりは全くといってよいほど絶たれていて、殆んど聴覚にのみ訴えており、東西も分からないところに神秘的な音波だけを伝えることによって死後の不可思議な世界を彷彿させることに成功していると評している。(1) 同じく英文学者の須藤信雄は、この詩を読むものはその中に香気漂うニューマンの息吹を感じ取れずにはいられないであろうと言い、英国の桂冠詩人テニソンさえも窺い得なかった霊界の消息を描いた英詩として類を見ないもので、真摯なカトリック詩人にしてはじめて描き得る詩であると言っている。[2]須藤はまた、この詩をニューマンの「生涯のこの上なく幸せな要約」であるとしたR・ハットンの評を引用して、「ゲロンシアスの夢」は、キリスト教の啓示の幻がこの世のあらゆる興味を統合したよりも、常にはるかに現実的に、はるかに強力に行動に影響を及ぼし、その想像力を強く先取している人の詩であるとしている。[3]

ニューマンは自らを詩的な人間であると言っているが、ニューマンの詩はどれも彼自身の魂の深みから自然に生まれたまさに彼の魂と思想と人格とのあふれであり、その深い精神性・宗教性を表すものとして、それこそが彼の詩に無類の価値を与えていると言ってよいであろう。

この詩には、作者であるニューマン自身の信仰が詠われているが、その内容は同時にキリストの教会の信条でもある。つまり、一人ひとりの霊魂が独自であること、霊魂が不滅であること、そして死後の世界の真実性と、イエス・キリストに対する信仰である。

この詩は一人の老いたカトリック信徒が死を前にしてみた幻想を詠ったもので、死後魂が肉体を離れてキリストの御前に出るまでの中間の微妙で目に見えない不可思議な世界で展開する対話形式の七節、九一一行からなる劇詩（dramatic poetry）である。弱強五歩格（Iambic Pentameter）の荘重なリズムと叙情的な軽快なリズム、無韻詩（blank verse）、その他さまざまな韻律が取り入れられ組み合わされて、生き生きとしたハーモニーをなし、対話劇詩（dramatic dialogue）の形式をとっている。この詩の構成は次のようである。第一節は臨終の床にあるゲロンシアスと彼を囲む友人たちと司祭の祈りで、全詩のプロローグにあたる。第二節はすでに肉体を離れたゲロンシアスの魂が、かつて経験したことのない感覚に驚いている。主に彼の独白であるが、これから登場してくる人物を紹介している。第三節から第五節にかけて筋を発展させているが、第三節はゲロンシアスと天使との対話で、ゲロンシアスは天使からいろいろ教えられ、心は安らいでいる。第四節は魂がいよいよ神の御前に近づいていくところで、悪魔の叫び声を聞く。第五節ではゲロンシアスは清らかな天使たちの歌声を聞いて、神の玉座に近づいていることを知る。第六節は詩のクライマックスで、キリストの前にひれ伏し救いを求めている苦悩と信頼に満ちたゲロンシアスの魂の絶唱である。終節のエピローグは、煉獄に下った魂が未来の救いを待っている静かで明るい希望の詩となっている。

今回邦訳を試みるに当たり、原詩の持つ意味・内容をできるだけ忠実に伝えられるよう心がけた。そのことに精一杯であったため、韻律の美しさは殆んど無視せざるを得ず、詩としてのリズム感や美しさを伝えられなかったことは残念である。しかし、多少なりとも原詩を味わっていただきたく、以下に、最も良く知られているⅥの最後の〈魂〉の願いと、Ⅶの最後〈天使〉の語りかけの部分の二箇所を挙げて置く。

詩の主人公 Gerontius の呼び方については日本語ではどの呼び方が適切であろうかと迷い苦慮した。原語は〈老人〉を意味するギリシア語の γεροντικος に由来しているようであるが、英語を母語とする人々の何人かに聞いてみたが、それぞれに異なる読み方をしていた。日本語のカタカナでは、ジェロンシャス、ジェロンティアス、ゲロンティアス、ゲロンティオス、ゲロンシウス、ゲロンシアスなど実にさまざまに表記されている。本書では、わが国でやや定着していると思われる〈ゲロンシアス〉を採用した。なお、一九三一年（昭和六）にすでに訳されている中館忠蔵氏（聖公会出版社）の翻訳に大いに助けられ、その翻訳を参照し、お借りした部分のあることもお断りしておく。

VI　Soul

Take me away, and in the lowest deep
　There let me be,
And there in hope the lone night-watches keep,
　Told out for me.
There, motionless and happy in my pain,
　Lone, not forlorn,—
There will I sing my sad perpetual strain,
　Until the morn.
There will I sing, and soothe my stricken breast,
　Which ne'er can cease
To throb, and pine, and languish, till possest
　Of its Sole Peace.
There will I sing my absent Lord and Love:—
　Take me away,
That sooner I may rise, and go above,

And see Him in the truth of everlasting day.

VII Angel

Softly and gently, dearest, sweetest soul,
In my most loving arms I now enfold thee,
And, o'er the penal waters, as they roll,
I poise thee, and I lower thee, and hold thee.

And carefully I dip thee in the lake,
And though, without a sob or a resistance,
Dost through the flood thy rapid passage take,
Sinking deep, deeper, into the dim distance.

Angels, to whom the willing task is given,
Shall tend, and nurse, and lull thee, as thou liest;
And Masses on the earth, and prayers in heaven,

Shall aid thee at the Throne of the Most Highest.

Farewell, but not for ever! brother dear,
Be brave and patient on thy bed of sorrow ;
Swiftly shall pass thy night of trial here,
And I will come and wake thee on the morrow.

(1) 石田憲次著『ニューマン』英米文学評伝叢書47（研究社、一九三六）八一、八三頁。
(2) 須藤信雄著『英文学と宗教・倫理』（興文社、一九六六）八二、八六頁。
(3) 同八六頁。 R. H. Hutton, *Cardinal Newman,* (London, Methuen and Co., 1891) p.245.

「ゲロンシアスの夢」（邦訳）

I

ゲロンシアス

イエス様、マリア様、死にそうです。
あなたは私をお召しになっておられます。
私には今それが分かります。
呼吸が荒くなり、心臓が冷えてきて、
額に汗が滲み出てくるからそう思うのではありません。
（イエス様、憐れんで下さい！
マリア様、お祈り下さい！）
今まで全く感じたことのなかったような感じがするのです。
（主よ、今わの際《きわ》にいる私と共にいて下さい！）
私は死んで行き、もう存在しなくなってしまいそうな感じです。
心の奥深いところで見捨てられてしまっているというような

奇妙な感じがするのです。
（魂を慈しんでおられる方！　偉大な神様！　私はあなたにより頼みます）
私のこの体を成している臓器と気力とが抜け出ていくような感じがするのです。
おお、友よ、祈って下さい。
誰かがすさまじい音をたてて扉を叩いて私を呼び出しています。
私を怯えさせ怖じ気づけるこんな訪問者はこれまで来たことなど、
一度だってありませんでした。
この訪問者は死です。
おお、愛する皆様、どうかお祈り下さい！
これは死の使いです！
まるで、私の存在そのものが無くなってしまったかのようです。
いまや自分の実体が無くなってしまったかのようで、
私を支えていたものすべてが消えてしまいそうです。
（愛する主よ、お助け下さい！　あなただけが私の避難所です）
どちらを向いても死滅は避けられず、
この宇宙から方向も境界も無い虚ろな深淵へと、
落ちていかねばなりません。
私が出て来たあの全くの無へ、
そこへ落ちて行き始めている感じです。

おお、恐ろしい！
愛しい皆様、本当に恐ろしい、恐怖です。
皆様、私の為に祈って下さい。
もう私には祈る力もありません。

友人たち

主よ、憐れんでください。キリスト様、憐れんで下さい。
聖なるマリア様、この人のためにお祈り下さい。
すべての聖なる天使の皆様、この人のためにお祈り下さい。
義人の皆々様、この人のためにお祈り下さい。
聖なるアブラハム様、この人のためにお祈り下さい。
洗礼者聖ヨハネ様、聖ヨゼフ様、この人のためにお祈り下さい。
聖ペトロ様、聖パウロ様、聖アンドレア様、聖ヨハネ様、
すべての使徒の皆様、すべての福音史家の皆様、この人のためにお祈り下さい。
主のすべての聖なる弟子の皆様、この人のためにお祈り下さい。
すべての聖なるみどり児たち、この人のためにお祈り下さい。
すべての聖なる殉教者の皆様、すべての聖なる証聖者の皆様、
すべての聖なる隠修士の皆様、すべての聖なるおとめの皆様、

神のすべての聖者の皆様、この人のためにお祈り下さい。

ゲロンシアス

わが萎えゆく魂よ、奮起せよ、雄々しくあれ。
衰え行く生命と鈍りゆく思考がいまだ残っている間に、
神にまみえる準備をせよ。
そして、混乱の嵐が治まっているしばしの間《ま》に、
滅亡が襲いかかって来ないうちに、
この時の間《ま》をよく使うのだ。

友人たち

主よ、憐れんで下さい。
寛大であって下さい。
この人をお助け下さい。
主よ、憐れんで下さい。
寛大であって下さい。
この人をお救い下さい。

過去の罪から、
あなたの激しい怒りから、
死の危機から、
お救い下さい。
罪に負けてしまったり、
神様を拒んでしまったり、
ついには自分により頼んでしまったりしたことから、
お救い下さい。
地獄の火から、
すべての悪から、
悪魔の力から、
あなたの僕《しもべ》を今こそ、そして永遠に、
お救い下さい。
あなたの誕生と十字架によって、
終わりの無い死から、
この人をお救い下さい。
あなたの死と葬りとによって、
永劫の滅びから、
この人をお救い下さい。

あなたの墓からの復活によって
あなたの昇天によって、
聖霊の優しき愛によって、
審判の日に、
この人をお救い下さい。

ゲロンシアス

全能の御方、聖なる神様、
深い淵からあなたに向かって叫びます、
正義の神様、憐れんで下さい、
主よ、私をお赦し下さい。
実に神は三位であり、
唯一であることを、
私は固く信じます。
そして、御子は人間となられたことを、
心から認めます。
また、十字架に付けられた御子の人性に深く信頼し、
希望を置きます。

そして、御子が亡くなられたように、
御心に適わない思いと行いを、
すべて滅ぼして下さい。
光と生命と力は、
すべて神様の慈しみの内にのみ在ります。
そして、聖なる神様を、強い神様を、
すべてに超えて、絶対に愛します。
全能の御方、聖なる神様、
深い淵からあなたに向かって叫びます。
正義の神様、憐れんで下さい、
主よ、私をお赦し下さい。
そして、ただ神様に対する愛によって、
聖なる教会は神様がおつくりになったことを、
教会の教えは神様の教えであることを、
敬神の心で受け入れます。
そしていま、
私を悩ませている苦しみや恐れがどんなものであっても、
喜んでこれを受け入れます。
また、私をこの世に結び付けているすべての絆を、強い意志で断ち切ります。
天使の大軍と共に、
天使の大軍により、
天と地の神様に、
御父、御子、聖霊に、
とこしえの礼拝が捧げられますように。
全能の御方、聖なる神様、
深い淵からあなたに向かって叫びます。
正義の神様、憐れんで下さい、
この今わの際《きわ》に臨んで。

もうだめです。
今、また、あの滅びてしまいそうな感覚が起こってきました。
苦しみよりひどい感覚です。
体全体が滅茶苦茶に壊され、
全く拒否されてしまいそうな感じです。
まるで絶壁の淵に立って、
無限の奈落の底を覗き込んでいるかのような感じです。
いや、それどころか、

もっとひどい。
宇宙の中をまっ逆さまに落ちて行き、
底知れぬ淵へどこまでも沈んでいくようです。
そしてもっと酷いことに、
凄まじい恐怖が魂の宮居を満たし始めたのです。
そして更に酷いことに、
何か形のある悪霊が、忌まわしい呪いのことばをいっぱい吐いて、
聖なる空間を毒しながら、風に乗ってふわふわと舞い、
からからと笑って、忌まわしい翼をばたつかせているのです。
私は恐れと失望でおかしくなりそうです。
おお、イエス様、
助けて下さい。
お祈り下さい、
マリア様、お祈り下さい。
イエス様、どなたか天使をお送り下さい、
あなた御自身がお苦しみのときに来て下さった天使を……
マリア様、お祈り下さい。
ヨセフ様、お祈り下さい。
マリア様、お祈り下さい。

友人たち

おお、主よ、今この災いのとき、
この人をお救い下さい。
あなたの慈しみの御力によって、
遠い昔から多くの人々をお救いになったように、アーメン。
だれも避けられない死から、
エノク様とエリア様をお救いになったように、アーメン。
救いの箱舟によって洪水から、
ノア様をお救いになったように、アーメン。
不信仰者の数限りない罪悪から、
アブラハム様をお救いになったように、アーメン。
さまざまな恐ろしい災難から、
ヨブ様をお救いになったように、アーメン。
父親がまさに刃《やいば》を振り下ろして殺そうとした時、
イサク様をお救いになったように、アーメン。
裁きの日に燃えているソドムの地から、
ロト様をお救いになったように、アーメン。

屈従と絶望の国から、
モーゼ様をお救いになったように、アーメン。
飢えた獅子の穴から、
ダニエル様をお救いになったように、アーメン。
そして、燃えるかまどの中から、
三人の子どもたちをお救いになったように、アーメン。
誹謗《ひぼう》と非難から、
操正しいスザンナ様をお救いになったように、アーメン。
ゴリアトとサウルの怒りから、
ダビデ様をお救いになったように、アーメン。
そして、牢獄の縄目から、
使徒聖ペトロ様と聖パウロ様をお救いになったように、アーメン。
拷問からテクラ様をお救いになったように、アーメン。
今、あなたの御力をお示し下さり、
試練にあるあなたの僕《しもべ》をお救い下さい。

ゲロンシアス

最期の時が来ました。

私は喜んで眠りたい。
苦痛で疲れてしまいました……
あなたの御手に、
主よ、あなたの御手に委ねます……

司　祭

キリスト者の魂よ、この世を去りなさい！
あなたの旅に出立しなさい、キリスト者の魂よ！
この世を離れなさい！
あなたをお創りになった全能の父なる神様の御名によって、
行きなさい！
行きなさい。私たちの主、生きておられる神様の御子、
あなたのために血を流して下さったイエス・キリストの御名によって！
行きなさい。あなたの上に注がれた聖霊の御名によって！
行きなさい。天使と大天使との御名によって、
座天使と主天使の御名によって、
権天使と能天使の御名によって、
ケルビムとセラフィムの御名によって、

行きなさい！
太祖と預言者の御名によって、
使徒たちと福音史家たちの御名によって、
殉教者たちと証聖者たちの御名によって、
聖なる修士たちと隠修士たちの御名によって、
聖なるおとめたちの御名によって、
そして、男も女も神様のすべての聖人たちの御名によって、
行きなさい！
あなたの道を行きなさい。
今日無事に、あなたの住まいが見つかりますように。
そして、シオンの聖なる山があなたの住まいでありますように。
同じ私たちの主、キリストの御名によって。

Ⅱ

ゲロンシアスの魂

私は眠ったようだが、今はっきりと目覚めている。

妙に爽やかだ。
言葉では言い表せないような、浮揚感と伸びやかさがあり、
これまで感じたことのない、やっとわれにかえった様な感じがする。
なんという静寂！
もう時間に追われるせわしさもない。
それどころか、
苦しい呼吸もなければ身悶《みもだ》えするような動悸もしない。
刻一刻の推移もない。
夢を見ていたのだ。
きっとそうだ。
誰かがそっと言った、
「お亡くなりになりました」と。
すると、嘆息が部屋中に満ちた。
そしてそれから、司祭らしい人の
「この人の魂を御手に委ねます」という大きな声が確かに聞こえた。
すると皆が跪《ひざまず》いて祈った。
司祭の声はまだ聞こえているようだ。
だがその声はか細く低く、
ますます微《かす》かになって、

次第に薄れていく。
ああ、どこからこんな所へ来たのだろう？
この隔絶は？
そして、この静寂が私の魂の奥深くに完全な孤独感を注ぎ込むのだ。
それに、深い安らぎが心をこんなにも穏やかにし、
優しく包んでくれると、
なんだか厳粛な気分になり、
苦痛さえ感じてしまう。
不思議なことに、
この静けさが私を内省させ、
思いを内へ内へとその源へと引き戻し、
ほかに考えることがないから、
今やどうしても、
自分のことしか考えられないのだ。

私は生きているのだろうか、
死んでしまったのだろうか？
私は死んではいない、
まだ体の中にいる。

体の器官はまだこれまで通りの位置にあって、
各部分は互いにしっくりして自分を取り囲み、
自分に形を与えていると、はっきり確信しているからだ。
動かそうと思えば、体のどこでも確かに動かせるに違いない。
それなのに、そんな力のあることを試そうとしても感覚がない。
これは不思議だ、
手も足も動かせない。
指と指、唇と唇を合わせようとしても、
合わせられない。
瞬《まばた》きしても、
自分にまだ体があることを確かめられない。
立っているのか、
横たわっているのか、
座っているのか、
それとも跪《ひざまず》いているのか、
自分の姿勢さえ分からない。

どのようにして分かるのか知らないが、
ただ分かることは、

私が住んでいた広大な宇宙が私を放り出しているか、
あるいは、私が宇宙を捨てて立ち去ろうとしているか、ということだけだ。
それとも、私あるいは宇宙が、光か稲妻の翼に乗って、
どんどん前方へ突き進んで、
いまや百万マイルも離れてしまったのだ。
しかし……この決定的な隔絶は、
速度と時間が増したので、
空間の尺度が伸びたためだろうか。

それとも、際限の無い細分化によって、
有限から無限の極致へと逆行しているのだろうか。
このようにして私は、
広大無辺な世界から消滅してしまうのだろうか。

もう一つ不思議なことがある。
誰かが大きな手で、私をしっかりと摑んでいるのだ。
これは地上で経験する摑み方とは違う。
私はまるで柔らかな球体であって、
体の表面全体が包み込まれて、

一様に軽く圧迫されているかのように、摑まれているのだ。
そしてこの力が私に向かって、
自力で動いているのではないよ、
運ばれて前方に進んでいるのだよ、
と諭しているかのようだ。
おや！　歌が聞こえる。
でも、本当に歌を聞いているのか、
それとも音色に触れているだけなのか、
調べを味わっているだけなのか、
はっきりしない。
おお、なんと心の落ち着くメロディだろう！

天　使

わが仕事　完成《な》り
わが使命《つとめ》　終われり
冠勝《かむりか》ち得しいま　彼を伴い故郷へ帰らん
アレルヤ
　とこしえに。

御父は　この人の子を
生《あ》れしときより　われに委ねり
仕え　救わんために
アレルヤ
　人の子は　救われしなり。

われに賜いし　この土の子を
悩み嘆きの　狭き途にて
育み　鍛えて
アレルヤ
　地上より　今こそあまつ御国へ。

魂

これは世界が創られる何百万年も前から、
神様の玉座の周りに立っている、素晴らしい天使たちの一人だ。
この方は罪というものを全く知らず、
無窮と言ってもよいほどの間、
堅固で純粋な天上の生活を送り、

素顔のままの神様の尊顔《みかお》を拝し、
永遠の真理の泉から飲み、
この上ない歓喜《よろこび》に満ちた愛で神様にお仕えしてきたのだ。

おや！　彼はまた歌い始めた。

天　使

おお主よ　御身は深く高く　素晴らしきかな！
わけても人への御心は　測り知れぬほど奇《くす》し！
優しく深き御愛もて頑人《かたくなびと》を和らげぬ
驕《おご》り高ぶる御使いの　失いし王座《ざ》を
与え賜いぬ　聖《ひじり》らに。

主は人の子を地に置きぬ　始祖の血にて汚されし地に
恐ろしき悪魔は人の心に巣くい　すべて乱して腐らせぬ
元はと言えば　さにあらざりし
人の心を　悪魔ら縛り
彼らが　心を取り仕切る。

われ送られぬ　御空より
人の子が　正しき道を歩まんために
神に背きてすべて失い　死ぬべき定めの人の子は
血の価《あたい》もて　救われし
この人の霊《たま》生かすため　われ戦いぬ長き戦《いくさ》を。

おお　希望と恐れ　勝利と狼狽　無謀と悔恨入り乱れ
目まぐるしくも　変わり行く多彩な情景
これが侘《わび》しき人間の　一代《ひとよ》に亘る戦《いくさ》の歴史！
そしておお　時に応じて人を励まし導く恵み
忍耐深く速やかに　いかに豊かに注がれし！
おお人間《ひと》よ　天と地の不可思議な混合物よ！
尊厳は卑劣へなり下がり　香しい花は毒ある種を生み
うわべの価値が　堕落を隠し
弱さが　支配する力となりぬ！
優れた業《わざ》を為せし時さえ　お前は罪と恥辱に近い。

天上の霊　いかに悟るべき
土と霊とで　造られしもの

われらの務めは人の子を　世にある限り護ること
いと高きにおわすセラフィムに　優りてわれら知り愛す
貴《たか》き価で　購《か》われし人間《ひと》を。

魂

はっきり分かった。
私はついに体を出たのだ。
地上との交わりがあったなら、
あのような調べに聞き惚れたり、
あんな素晴らしい天来の妙音を崇めたりすることは
出来ないだろう。
今はとても満たされていて、
心穏やかで落ち着いており、
思慮分別もあるので、
どんな誘惑にも酔いしれてしまうことはない。
また、これほど貴い御方に抱き締められていることを考えても
恐ろしくないのだ。

天使

すべてのものよ　神を賛えよ。
後のものを先にして　先のものを後にする
素晴らしき神の計らいよ。
囚われ人を解き放ち　高ぶるものを打ち懲らし
ルチフェルを黄泉《よみ》に閉じ込め　マリアを天に挙げたもう
すべてのものは　神を賛えよ。

Ⅲ

魂

あの御方に話しかけてみよう。
こんにちは、素晴らしい御方、
私を守護する天使様！

天　使

こんにちは！　わが子よ。
わが子よ、兄弟《はらから》よ、
こんにちは！
何を望んでいるのか？

魂

何を望んでいるのでもありません。
ただあなたと話がしたいだけなのです。
あなたと衷心から言葉を交わしたいのです。
お尋ねしてよかったら、
知りたいことが山ほどあるのです。
でも、それは単なる好奇心からではありません。

天使

お前の心には　今はもう、
望んではならないことが思い浮かぶことはないのだ。

魂

それならお伺いいたしましょう。
私はこれまでずっと、
苦しんでいる魂が肉体を離れたとたん
神様の御前に出て審判され、
それぞれが行くべきところへ行くのだ、
と信じてきました。
私がすぐに神様の御許へ行けないのは
何故でしょうか？

天使

神様の御許へ行くのを妨げられているのではない。
それどころか、
お前は猛烈な勢いで、正しく聖なる審判者のもとへと走っているのだ。
というのは、
お前は体を離れてから、まだほとんど時間が経っていないのだから。
お前が体を離れてから、
そして、司祭が声をあげて「一緒に祈りましょう」と言ったので
皆が跪《ひざまず》いたとき、いやそれどころか、
まだ祈りも始まらないとき、
人間が時間を計るようにして一瞬間を百万分の、
百万分の、またその百万分の一に分割しても、
まだそれよりも短い時間しか経っていないのだ。

時の流れの長短は天使と人間とは異なった基準で計るからだ。
人間は太古に定められた太陽と月や、
規則正しく運行する星や、

めぐり来る季節や、
左右に揺れ動く振子など、寸部違わぬ正確な秤で、
日常生活のために、平等で連続的に時間を仕切っている。
だが、霊の世界にいる天使たちにはそうではない。
間隔の継続は胸中の思考によってだけ計られるのだ。
その思考の強弱によって計られるのだから、
時間というものは皆に共通ではない。
それぞれが自分の時間の基準を持っていて、
それぞれが受け取り理解することによって、
長かったり短かったり、
早かったり遅かったり、
近かったり遠かったりするのだ。
また記憶にも、歳月とか世紀とか時代とかいうような、
自然の時間が基点とするものはないのだ。
お前を神から離れさせているのは、
まさにお前のこころの焦慮《しょうりょ》なのだ。

魂

親愛なる天使様、
神様にお会いするのに、今私に恐れがないのはなぜでしょうか、
教えていただけますか？
生きている時は、死とか審判とかを考えると、
とても怖かったのです。
いつもそのことを考えていて、
十字架を仰ぎ見る時でさえ、厳しい裁きを考えていました。
時が来た今、私の恐怖は消えてしまいました。
そして運命が迫っているこの時、
私は静かな喜びをもって前方を見詰めることができます。

天使

お前は恐れていた、しかし今はもう恐れてはいない。
お前は臨終の苦悶を先回りして恐れていた。
だがお前の死の悶《もだ》えは終わったのだから、

もう恐れは無いのだ。
それに、お前の魂の中で裁きはもう始まったからだ。
全世界が裁かれる最後の審判の日、
すべての人が裁かれる厳粛なる審判は、
一人ひとりの人間が死ぬときに行われるのだ。
そして、あの最後の大いなる審判の日が予行されるかのように、
今やお前は、玉座のみ前に出る前に、
お前の運命を決めるものとして、
裁き主様から真っ直ぐに出てきた光線に
その兆しを感じるのだ。
お前の心の中に湧き起こってくるあの平安と歓喜は、
お前に与えられる報酬の初穂であって、
天国は開けたのだ。

Ⅳ

魂

あっ、凄まじい嬌声だ！
もしまだ怯えることが出来るなら、
どんなに恐ろしいことだろう。

天使

私たちはもう裁きの庭の近くに来たのだ。
あの陰鬱《いんうつ》な喚声《わめきごえ》は、
あそこに集まっている悪魔たちから聞こえてくるのだ。
あそこは中間地帯で、
聖なるヨブ様に向かって揶揄《やゆ》や嘲笑を浴びせかけようと、
その昔悪魔たちが神様の子どもたちに現れた場所なのだ。
そこでいま、腹のすいた野蛮な悪魔の軍団が、

自分たちの所有権を主張して入り口で群がり、
地獄へ引きずり込もうと魂たちを集めているのだ。
しっ、彼らの叫びを聞きなさい。

魂

なんて陰気で、なんて異様な不協和音だろう！

悪魔たち

娑婆《しゃば》畜生の　卑しい土塊《つちくれ》どもめ
洗礼受けて　生まれ直して
お恵み受けて　善い事やって
昇天しようと　さもしい野望を持っていやがる。
豪華な住まい光の王国　もとはと言えばわしらの住まい
ここに住むのは　わしらの権利。
威張り散らして　力に訴え
与えておいた　わしらの権利
追い出し押し出し　取り上げて

放り出すとは　不正じゃないか。
這いつくばって　土を舐《な》めてた野郎じゃないか
賛美歌ガンガン　がなりたて
勿体付けて　唸《うな》ってる
偽善の奴らに　やるなんて。

天　使

あれは、ひっきりなしに喚いている悪魔たちの声だ。
ちょうど檻の中の猛獣が、　恐ろしい声で吼えながら、
絶えずあちこち歩き回っているようだ。

悪魔たち

気は図太くて　勝手気ままよ
何をしようと　わしらは自由
勢力伸ばしちゃ　いかんだなんて
聖人様って　何様なんだ
生きてる間は　吐息で汚し

死んでしまうと　馬鹿めが拝む
　えへへへ！
たかが　骨の束ではないか
体の中に　いるときだって
ガラガラ鳴らして　悪臭ふんぷん
体のない奴に　助けてくれか
　えへへへ！
日ごと日ごとに　磔《はりつけ》にされ
またまた　死んで
　えへへへ！
あの尊い土くれとかが
　えへへへ！
これでご褒美もらうだなんて　このおしゃべり小坊主め
　えへへへ！
悪意と恨み
頑固な迷信
嫉妬と憎しみ
血への欲望
大神様の怒り鎮めて

こんな奴らを弁護するとは。

魂

彼らはなんと無力なことか！
でも地上では、彼らはすごい力と業《わざ》を持っているという評判だ。
悪魔の顔には、これを見たものの血を凍らせ、
息の根も止めさせてしまうほど、力があると書物には書いてある。

天使

お前がまだ試練を受ける状態にあったとき、
お前は心の奥深くにお前の敵、反逆者を匿《かく》まっていた。
お前はあの地獄の勢力と結びついているものと性質が同じだった。
その勢力はお前の五感に対する鍵を握っており、
しかも、お前はあの最も恐ろしい敵に心の扉を開けようとしていたのだ。
だから、悪魔たちは人間に対して素晴らしく威力があるように見えたのだ。
だが悪魔は、清く正しい天使や聖人のような恩寵の子らに出くわすと、
戦場《いくさば》で逃げ出す臆病もののように退散するのだ。

それどころか、まだ肉体の重荷を下ろしてはいない聖なる隠者も、
時に庵《いおり》で、悪魔の脅しや宣戦布告を一笑に付してきた。
死に逝《ゆ》くものたちも、その辺にハエのようにうじゃうじゃ飛んでいる悪魔どもを
無視して、裁き主様のところへと飛び立っていったのだ。

悪魔たち

徳だの　罪だの
みーんな　みんな
悪漢どもの　ごまかしさ
　えへへへへ！
地獄の　炎も
地獄の　業火も
臆病者の　言い訳だ
　えへへへへ！
聖人だって
買収してみな
金が目当てで　のってくるから
　えへへへへ！

天の国へ　入りたいのは
愛からじゃない
ただの強欲
　えへへへ！

魂

私にはあの悪霊どもは見えませんが、
玉座に到達したときに、
いとしい主にお目に掛かることが出来るでしょうか？
それとも　天使様、
今あなたのお姿は見えないのですが、
声は聞こえているように、
少なくとも厳しい裁きの御言葉を、
直接にお聞きすることが出来るでしょうか？
私が地上を離れてから
ここまでずっと真暗闇でした。
償いを果たすまで、視覚が奪われたこの状態が
ずっと続くのでしょうか？

そうでしたら、
私には聴覚や味覚や触覚はまだ残っていますのに、
考えを一つに結び、それに生命を与える一番大切な視覚の
微かな光さえ洩れて来ないのは何故でしょうか？

天使

お前には、今はもう触覚も味覚も聴覚もない。
お前は今や、符号と表徴の世界に住んでいて、
いとも尊い真理を活き活きと力強く顕《あら》わにする表象に取り囲まれているのだ。
体から離れてしまったお前の魂は、
お前自身のほかに交際する相手は
当然、もういないのだ。
だがお前が、あまりの孤独に押しつぶされてしまわぬように、
御憐れみによって、お前の耳や神経や舌などはもう無いのに、
まるでまだ働いているかのようにして、そこから幾らか知覚が与えられているのだ。
そしてお前は夢に包まれ覆われているのだ。
本物ではあるが、不可解な夢に。
というのは、現在お前に属するものは、

このような表象によらなければ意識されないのだから。
このようにお前は、空間とか時間とか、大きさとか、匂いとか、
固さとか、苦さとか、音楽的だとか、
火だとか、火の後に気分を爽快にするものだとか、
表象をもとに言っているのだ。
(お前が尋ねたことを分かりやすくするために、地上の譬えを使うならば)
氷で水ぶくれすることを氷で火傷すると言うように、だ。
また、お前にはもう相関的な部分のある広がりというものも無い。
——長い間の習慣でそういうものがあるような気がしているが——
お前はこれまで、手足を失った人がまだ手足が痛いと言って叫ぶのを
聞いたことがなかったか?
自分自身を動かす力もなければ動かす手足もない。
お前も今はそういう状態だ。
お前は手足を失っただけではなく、からだ全体を失ったのだ。
お前が失ったものをすべて取り戻し、
新たにされて栄光にかがやく喜ばしいよみがえりの日まで、
今の状態が続くであろう。
完成された聖人たちは、
今すでに天国で神様にお目に掛かっているが、

それについては説明しないでおこう。
かの至福直観の時までお前の目は見えないが、
しばらくの間、お前に与えられたこのような交渉の手段だけで満足しなさい。
なぜなら、
火のようにやって来るお前の煉獄さえ、
光のない火なのだから。

魂

御心のままに！
私には再び日の面《おもて》を見る値打ちなどありません。
まして、太陽そのものであられる御方の御顔を仰ぎ見ることなどは。
でも生前にあって煉獄のことを考えたとき、
懲らしめの猛火に飛び込む前に、
神様の御姿をちらと拝して力をいただけるだろうと信じて、
自らを慰めてきました。

天　使

そのように感じるのは無分別でも無益なことでもない。
そうだ――お前は一瞬間、主にまみえるであろう。
それはこんなふうにだ。
お前が恐ろしい法廷に召喚され、
お前の運命が永遠に定められる時、
もし、お前が神の選ばれた聖人たちの間で
神の右手に座るとしたら、
そのとき視覚、魂にとっての視覚が、
稲妻のようにお前のところに来て、
お前の魂が愛し近づきたいと思っていた御方を、
暗黒の深淵で、一瞬拝めるであろう。
しかし、わが子よ、
お前は何を願っているかを知らないのだ。
いとも美しい御方の御姿は
お前を歓喜させるであろうが、
お前を刺し貫きもするのだよ。

魂

天使様、あなたははっきりとは仰いません。
ですから私は恐ろしいのです。
私は気が早いのではないかと懼《おそ》れるのです。

天使

ある人がいた。(*)
彼は今は栄光のうちにいるが、
死に臨んで十字架に付けられた主との交わりを許された。
その交わりは主の御傷が彼の肉体にも刻まれるほどだった。
主に抱擁されて心と体に滲みわたるほどの苦しみを味わって彼が理解したことは、
変容される前に永遠の愛の炎で焼き尽くされるということだった。

V

……あの歌声をお聴きなさい！
神の子らの中で一番小さく、子どもらしく、
天使のように清らかなものたちの歌声だ。

清らかなものたちの第一聖歌隊

いと高きところにおわします主を　賛美せよ
いと深きところにおわします主を　賛美せよ
主の素晴らしき御言葉と大いなる御業を　賛美せよ

主はたまわれり　聖きやからを
罪に穢《けが》れず　戦《いくさ》に勝利し
つらい懲《こら》しめ　なからしめんと。

主はたまわれり奇《くす》しくも　御子をこの世に
霊と肉とを　双親《ふたおや》として

天と地とに　住まわしめんと。
永遠《とわ》の御方は　御子を祝し
からだを与え　地に送られぬ
人を戦に　勝たしめんため。

悩みぞ多き　この世にありて
敵に対する　守り手として
御父に勝利　帰せしめんため。

天使

私たちはもう門を潜り抜けた。
そして、審判者の宮居の中にいる。
地上では、神殿や宮殿は高価で貴重な材料が用いられてはいても、
物質的なものばかりだ。
だが、霊の世界で用いられているのは、非物質的なものだけなのだ。
だから、この建物の軒蛇腹《のきじゃばら》、装飾、手すり、階段、敷石も、最小の部分さえも、
すべてが生命《いのち》で出来ている――創り主である御方を絶え間なく賛美し、

歌っている聖なる、祝福された、不滅の者たちの生命で。

清らかなものたちの第二聖歌隊

いと高きところにおわします主を　賛美せよ
いと深きところにおわします主を　賛美せよ
主の素晴らしき御言葉と大いなる御業を　賛美せよ

あわれ　人の子！
こころ臆して　戦わず
天の宝を失いて　光りの恵み断ちしなり。
風吹きすさび　荒ぶる空が人の上《え》に
かつて　天使の友たりしもの
今や　獣を友となす。

おお人よ　野蛮なやからよ！
悪魔の集い免れん為　岩穴に潜み
攀《よ》じて木立に　のぼるとは。

若き日より歳老《とし》いるまで　時に恐れ

時に希望し　幾代にわたり御助け受けて
労苦して生き　そして死に行く。

いと長き　償いに耐え
荒衣　僅《わずか》ずつ剥ぎ
正しき人に　立ち返り来ぬ。

全能の神の　息吹と鞭と
また天使らの　導き受けて
遂に求めぬ　主の御心を。

主の御名を呼び　主に頼み
家も故郷も街・国も　つくられんこと
終に悟れり　人の子は。

長き年月《としつき》　耐えに耐え
泥の沼から　いのち生み
人を高めし　神を賛えん。

魂

この音は、風が、夏の風が、
高い松林をさっと吹きぬけて行くような音だ。
強くなったり消え入りそうになったり、
四方にこだましながら、
今はここ、今度はあそこと、
荒ぶれたり、凪《な》いだり、
梢からえもいわれぬ芳しき香りを撒きながら。

清らかなものたちの第三聖歌隊

いと高きところにおわします主を　賛美せよ
いと深きところにおわします主を　賛美せよ
主の素晴らしき御言葉と大いなる御業を　賛美せよ。

御神に似たる　天使らは
試みられしが　完成されて
あまつ宮居に　場所を得ぬ。

この天使らに　時は移らず
老いもなければ　成長もなく
明るき昼も　闇の夜もなし。

若き輩《やから》は罪に堕ちしが　希望が芽生え
朝《あした》の光り　明けそめぬ
静かに確実《かた》く　たおやかに。

長き年月《としつき》経て　人の子は
卑しきものから　分かたれて
尊き恵みの　世継ぎとなりぬ。

ああ人よ　二度目の生れで灯されし
光によりて戻り来ぬ　かつての姿
地より生え出ぬ　あまつ御国が。

されど人には　悩みもあらん
体《にく》と魂《たま》との　二重の悩み

地から天への　旅路の間《ま》には。
負わねばならぬ　二重の負い目
罪科にたいする　代償として
死への恐れは過ぎ去りたるが　今や始まる償いの火が。

まことと義もて　統《す》べたまい
体《にく》より魂《たま》を　引き離し
火もて穢れを焼きたもう　主に栄えあれ！

天　使

お前があんなにも熱心に聴きたがっていた迫り来る受苦について、
彼らは歌っているのだ。
激しく名状し難い苦痛でお前を打ちのめすのは、
人となられた神様の御顔なのだ。
だが、その苦痛が残す記憶は、傷を癒す霊薬でもあり、
同時に、傷をもっと刺激し、悪化させ、大きくさせもするであろう。

魂

あなたは奥義について語っておられます。
あなたのお言葉の奥義を解けるようにも思えますが、
自分であなたのお言葉を解釈するよりも、
むしろ、あなたの天上のお声を聞きたいのです。

天使

もしお前の運命が、裁き主様の御顔を仰げると定まっていたら、
その御方の御姿が、お前の心に柔和で寛大で敬虔な思いの光を
灯してくださるであろう。
お前は主を恋焦がれ、主を憧れるであろう。
そして、こんなにも素晴らしい御方が、お前のような卑しい者によって、
これほど酷く扱われたことを思い、主に対して申し訳なく感じるだろう。
懇願しているような主の深い御眼差しは、お前を骨の髄まで射ぬき、
お前を悩まさずにはおかないであろう。
そこでお前は自分を憎み忌み嫌うであろう。

というのは、今は罪がないと思っていても、
その時お前は、かつて感じたことのないほどに、
罪深さを感じるであろうから。
そしてお前は、そっと逃げ出し、主の御前から姿を隠したくなるであろう。
それでもお前は、主の美しい御顔の前にいつまでも止まりたいと渇望するであろう。
そしてこのように激しい互いに相反する二つの苦悩、
つまり、まだ主を見ていない間の主に対する憧れと、
主にお目にかかったときの自己嫌悪とが、あまりに熾烈なので、
まさにそれが、お前の最も辛い煉獄であろう。

魂

私はもう心を決めていますから、恐れはありません。
しあわせでも苦しみでも、御心のままに御手に委ねます。
でも、お聞き下さい！
壮大で神秘的な調和した調べを。
滔々《とうとう》と荘厳な音を立てて大水が押し寄せて来るようで、
圧倒されそうです。

天使

私たちは、主にまみえる聖所に昇る階《きざはし》に到達した。
偉大な天使たちの楽団が両側に整列していて、
人となられた神様を賛美しているのだ。

神聖なる階《きざはし》の天使たち

御父よ　誰か悟らん御身の善さを
御顔を　仰ぐもののほか
人に与えし尊き恵み　限りなし
されど儚《はかな》き人の子は　御身の愛をあだにせり
誰か語らん　御身が成せし勝利の御業
永遠《とこしえ》の光を帯びし　深き思いの御使いのほか。

園の木陰の只中で　尊き御主《みあるじ》のお苦しみ
被造物《つくられしもの》の　慰めを受け
律法《おきて》の犠牲《にえ》とて　苦悩する
御姿かしこみ仰ぎしは　天《あめ》なる御使い

独り悩みてよろめく御姿　誰か賛えん
仰ぎ見し　御使いのほか？

魂

おや！
ご門の横木が振動して
あの調べをこだましています。

清らかなものたちの第四聖歌隊

いと高きところにおわします主を　賛美せよ
いと深きところにおわします主を　賛美せよ
主の素晴らしき御言葉と大いなる御業を　賛美せよ

敵は嘲笑《わら》いぬ　尊き主を
主は謀《たばか》りて　人を操り
戦場《いくさば》に置きて　罪を唆《そそのか》せしと。

いかに御恵み与えられ　いかに幸いなりしかど

血肉備えし　人の子は
しょせん哀しき　見張り番。
独り立ちえぬ　人の如《ごと》
かつて尊き　命を持ちし
高ぶる敵と　争わんとは。

エバの誘いで　土塊《つちくれ》たりし
アダムの堕落せしときに　勝ち誇りたる悪魔の叫び
「おお　哀れなる人の子よ
創造主《つくりぬし》は　己が言葉に縛られて
その運命に　従いて
刺さねばならぬ　いとし子を。」

天使

今や敷居に着いたが、通過するとき、
敷居は嬉しそうな歌声であいさつしている。

清らかなものたちの第五聖歌隊

いと高きところにおわします主を　賛美せよ
いと深きところにおわします主を　賛美せよ
主の素晴らしき御言葉と大いなる御業を　賛美せよ

おお　計りがたき深き主の智恵！
罪と穢れに染みたる世をば　救わんがため
第二のアダム　送り給えり。

おお　くすしき御愛！
アダムが傷めし　血肉をもて
敵と競いて　勝たしむるとは。

恵みに優りし　賜物をもて
血肉清め　人にして神
実体において　全き御神《みかみ》。

おお　寛大なる愛！

人間《ひと》の為に人となり　敵を倒しぬ
人間《ひと》の苦悩を人として　耐えたもう。
園においては　密やかに
十字架においては　高きより
茨の道とぞ　諭したもう。

Ⅵ

天使

お前の裁きは今や近い。
われらは面覆《おもおお》いに包まれた神様の御前に来たからだ。

魂

私が地上を離れたときに聞いた声が聞こえます。

天使

あれはお前の床の周りで友人達が、
「一緒に祈りましょう」と言う司祭の合図であげている声だ。
そのこだまがここまで聞こえてくるのだ。
主がお独りで血の汗にまみれ、園の木陰で跪《ひざまづ》いていたとき、
お力添えしたあの苦悶の大天使が、玉座の前に立っている。
あの大天使は、今まさに死に逝く者でも、またはすでに死んだ者でも、
すべての苦悩している魂の為に、
主と共に一番良く執り成すことがお出来になるお方なのだ。

苦悶の天使

イエス様！　あなたを襲ったあの恐ろしい戦慄によって、
イエス様！　あなたを悩ませたあのひどい落胆によって、
イエス様！　あなたをぞっとさせたあの心の激痛によって、
イエス様！　あなたを無力にさせたあの山ほどの罪によって、
イエス様！　あなたを息詰まらせたあの罪悪感によって、

イエス様！　あなたのまとっておられたあの潔白によって、
イエス様！　あなたに満ち満ちていたあの聖性によって、
イエス様！　あなたと一体であったあの神性によって、
イエス様！　あなたがこれほど愛しておられる魂たちを、
お救い下さい。
牢獄で、静かに忍耐強く、あなたを待ち望んでいる魂たちを。
主よ、彼らの時を早めて、あなたの御許に来るようお命じ下さい。
あなたの栄光に輝く故郷で、永遠にあなたを仰ぐことが出来るように。

魂

私は裁き主様の御前に参ります。

天使

……主の御名は賛えられますように！

あの熱心な魂は、矢のように私の元から飛び出していった。

激しい熱愛に駆られて、愛しいエンマニュエル様の御足許を目指して。

しかし、魂はそこに着かぬうちに、十字架にかけられた御方を衣のように包み込んでいる溢れるばかりの聖性の輝きに打たれ、焼かれて萎んでしまった。
そして彼は今、あの大いなる玉座のみ前に、おとなしく静かに平伏している。
おお、苦しんではいるが幸せな魂よ！
お前は燃え尽きはしたが、神様を仰ぎ見て、
生命《いのち》を取り戻したのだから。

魂

どうか私を連れ去って下さい。
そして、いと深き淵にお置き下さい。
そこで独り、定めの夜数《よかず》を希望の内に過ごさせて下さい。
そこでは、苦痛で身動きができなくても幸せで、
孤独であっても、見捨てられているのではありません。
そこで、悲しい調べを歌い続けましょう、
夜が明けるまで。
歌い続けてこの胸の苦痛を鎮めましょう。
この悩める胸は、唯一の平和である御方に抱かれるまで、
鼓動し、思い焦がれ、思い悩むことをやめないでしょうから。
私はそこで、まだ見ぬ主であり愛である御方に向かって、

私を連れて行って下さいと歌いましょう。
早く立ち上がってみ許へ行き、
永遠の真《まこと》の光の中で主を仰ぎ見ることが出来るように。

Ⅶ

天使

さあ、黄金の檻の門を全部開けて下さい。
蝶番《ちょうつがい》のところを廻すと一つ一つが美しい調《しら》べを奏でる門を。
そして偉大な御力、煉獄の天使たちよ、
私に委ねられたこの尊い魂を私から受け取って下さい。
すべての縄目と罰が赦されて、
光の宮居に連れ行くために私が帰り来るその日まで。

煉獄の魂たち

主よ、あなたは私たちの避難所でした。世々変わらずに。

山や丘が創られ、世界が存在する前から、
あなたは世々にわたって神様であられました。
主よ、私たちを滅ぼさないで下さい。
あなたはアダムの息子たちよ立ち戻れ、と仰せられたのですから。
あなたの御目の前には千年もほんの昨日のようです、
夜回りが一巡するのと同じ様に。
草は朝《あした》に生え出ますが、夕べには枯れ凋んでしまいます。
それと同じ様に、私たちはあなたの御怒りに遭えば斃《たお》れてしまい、
あなたの憤りに触れれば苦悩します。
あなたは私たちの罪を御前に留め、
私たちの齢《よわい》の日々をあなたの御顔の輝きの中に置かれています。
主よ、早く帰ってきて下さい。
そして、僕《しもべ》らの祈りをお聞き下さい。

あなたの朝《あした》が参りましたら、私たちはあなたの慈しみに満たされて、
永遠に喜び楽しむでしょう。
私たちがこの世で耐え忍んだ屈辱の日々と、味わった不幸の歳月に応じて
喜びがあることでしょう。
主よ、御身の僕らと御身の御業とを顧みて下さい。
そして、僕らの子どもたちをお導き下さい。
私たちの主なる神様の美しさを、私たちにお示し下さい。
そして、私たちの手の業をなし遂げさせて下さい。
御父と御子と聖霊に栄あれ。
初めにそうであったように、
今も、いつも、永遠に。アーメン。

天　使

尊い価《あたい》で贖われたいとしい魂よ、
わたしはいま、お前を両腕に優しく大事に抱き、
懲《こら》しめの流れの上にお前を差し出し、お前を下ろし、
お前を支えている。

そして、流れの中にそっとお前を浸す。
お前は泣いたり抵抗したりせず、
大きな流れに乗って、早く流れて行きなさい、
遠く遠く、ぼんやり霞んだ彼方へと。

お前を委ねられた天使たちは、横たわっているお前を、
労わり、世話し、眠らせてくれるであろう。
地上のミサと天上の祈りとが、いと高き御方の玉座の御前で、
お前を執《と》り成《な》してくれるであろう。

さらば、だが永遠《とわ》の別れではない。

いとしい兄弟よ、勇気をお出し。
悲しみの床で辛抱するのだ。
ここでの試練の夜はすばやく過ぎ去るであろう。
そして朝になったら、私がやって来てお前を目覚めさせてあげよう。

（＊）アシジの聖フランシスコのことを指す。

あとがき

　本年（二〇一〇）九月一六日から一九日までの四日間、ローマ教皇ベネディクト一六世は英国を公式訪問され、その最終日にはニューマンの列福式を主式された。教皇の今回の訪問は実に四七〇年という時の流れを経て実現された公式訪問という歴史的な出来事であったが、教皇自らが、その国へ出かけて列福式を主式するということもまた異例のことであった。英国のメディアは最初から最後まで教皇訪問を報道し続け、主要なイベントは生で中継し、一般紙はこぞって毎日トップ・ページに様々な場面における教皇の写真を掲載し、何ページも割いて教皇の発言を報じた。そして、教皇の英国訪問の最終日を飾ったのは、英国中央部の都市バーミンガムのコフトン・パークにおけるニューマン列福のミサであった。バーミンガムは、カトリックになってからのニューマンが英国における最初のオラトリオ会を開設し、その後半生を過ごした場所である。コフトン・パークはバーミンガム市南西の郊外にある広大な緑地丘陵の公園で、この近くにはオラトリオ会の黙想の家とニューマンが葬られている墓地がある。ニューマンの時代にはここは低木の生えた高原地帯で、ニューマンは著作の執筆時にはよくここを訪れて黙想していたという。

　列福式の当日は、早朝には氷雨が降ってかなり寒かったが、ミサが始まる一〇時頃には太陽が顔を出しはじめていた。式にはギリシア正教会やキリスト教の諸派をはじめ、ユダヤ教その他の宗教の代表者たちも参列していた。二百人を越す共同司式の司教・司祭たちに先導されて教皇がミサの祭壇に近づくとき、「ゲロンシアスの夢」の一節、「いと高きところにおわします神を賛えよ」の賛美歌を一同で高らかに歌った。「栄光の賛歌」を歌う直前に、バーミンガムの大司教バーナード・ロングレイが教皇にニューマンの列福を請願する言葉を述べ、続いてニューマンの略歴が読まれた。次いで、教皇から大司教に記念のカリスが贈られ、大司教からは教皇にニューマンの著作『アポロギア』が贈呈された。教皇は使徒的権威によってその請願を受け入れると答え、「神の僕、尊者ジョン・ヘンリ・ニューマン枢機卿を、以後、福者（Blessed）と称する」と宣言された。その瞬間、中央祭壇と両脇の四つの巨大なスクリーンにニューマンの肖像が映し出されると、会場は大きな拍手に包まれた。太陽は暖かく柔らかな陽射しを注いでいた。再びニューマンの「いと高きところに……」の賛美歌が歌われた。ニューマンの取次ぎによって、脊髄の重い病が快癒したというアメリカ人の助祭ジャック・サリヴァンが福音を朗読し、それに続いて教皇は説教をされた。

教皇の説教はニューマンの人物像についての紹介から始まった。教皇は、ニューマンはキリスト者の聖性への召命や祈りの重要性に深い洞察力を備えた人であり、彼は人を動かす力を持った文章によって、同時代とそれに続く世代の多くの人々に深甚な影響を与えることが出来たと語られた。そして、ニューマンは信仰と理性の関係や、文明社会における啓示宗教のもつ役割の重要性を考察したことを指摘され、とりわけ、知的養成と道徳的規律、それに宗教的献身を統合するニューマンの教育理念を賞賛された。更に、ニューマンが残したのは知的な遺産だけではなく、病める人や貧しい人、家族をなくした人をはじめ、収監されている人々のことなども心にかけるなど、司祭としての奉仕の模範を残したことも強調された。最後に教皇は、ニューマンが亡くなったとき、いまミサが行われているここからわずかばかり離れたところにある墓地まで、彼の棺が運ばれていくとき、何千人もの人々が沿道に連なって別れを惜しんだのも驚くには当たらないと説教を結ばれたのであった。

聖体祭儀の時に「ゲロンシアスの夢」からのもう一つの賛美歌「私は心から信じます、三位一体の神を……」

が歌われた。参列者は六万人とも七万人ともいわれたが、すべてが整然と秩序正しく荘厳に進み、正午ちょうどに列福のミサは終了した。式全体は英語で行われたが、いまや多民族国家となっている英国の社会を反映して、共同祈願は英国社会を構成するそれぞれの民族の言葉で祈られた。

列福式が行われた前日には、バーミンガム市の中心部にある国際コンベンション・センターで、バーミンガム市議会主催のニューマン伝記作者たちによる講演会があり、ここではニューマン研究者たちと再会し、喜びを共にすることが出来たことも幸いであった。同日の夜には、一九〇〇年に初めてその演奏が行われた同じ音楽堂で「ゲロンシアスの夢」の演奏も行われた。「ゲロンシアスの夢」の生の演奏を初めて聴いた私は、エルガーの作曲になるこのオラトリオが、これほど高貴で荘厳であることに震えるほどに感動し、圧倒された。時を同じくして市の博物館ではニューマンの特別展も催されていた。

思いがけずニューマンの列福式に参列する機会に恵まれた私は、ニューマンがいまなおかくも幅広く多くの人々に敬愛され、影響を与え続けていることに深い感銘をおぼえ、これまでにも増してニューマンの魅力を実感したのであった。七五年以上も前になるが、昭和初期に、「ニューマンの魅力は、全人間的存在を問題とする文学者ないし宗教思想家にある魅力であり、単に時代的なものは過ぎ去ってしまうが、深い魂だけが不朽である」と言った吉満義彦や、「ニューマンのような人物は、超教派的な人物として永久に我々の教会の歴史において追憶され物語られねばならない」と言った熊野義孝の言葉の真実を、いまさらのごとく噛み締めたのであった。

このたび、長年書きためてきたものを一書にまとめる作業をしながら、私はニューマンの生涯と作品を貫いている一本の線を再認識した。その一本の線とは、彼の一五歳のときの〈神と私〉の深い体験である。彼の生涯と作品はこの体験に深く根ざしており、それは人間を超越した、はるかに高い造物主の存在に対する認識と畏敬の念であり、また信頼であった。そして、自らは被造物であることを深く自覚し、そこから生まれる徹底した謙虚さである。ニューマンの魂の真の故郷は見えざる世界にあった。その故郷に対する魂の郷愁が現実の世界に対する彼の実際的で誠実な愛の行動を突き動かしていた。現実の世界はニューマンが見ていたように影と幻のようなものかもしれない。しかし、彼が言ったように、私たちは心の中に語りかける声に聞き従いつつ、一歩また一歩と委ねて生きるとき、影と幻のようなこの世界の中にも、一条の導きの光を見出すのではなかろうか。そして、人生のあらゆる不条理と、人々の無理解と誤解、また己の不完全さと失敗と、多くの罪と過ちとにもかかわらず、常に赦しと導きを信じて人生の困難を乗り越えて生きることができるのではないだろうか。そしていつか、この影と幻の世界から抜け出るとき、真実の光の中に迎え入れられることを期待したい。ゲロンシアスを導いたあの天使が、「朝になったら私がやって来て、お前を目覚めさせてあげよう」と言ったように、死は眠りではなく大いなる目覚めにちがいないのだから。

若き日にニューマンに出会ってから今日まで、実に多くの方々にお世話になった。そのお一人おひとりとの出会いや、一つひとつの場面を思い起こすとき、感謝の思いは尽きることがない。誰よりもまず、上智大学大学院の恩師で、すぐれた中世英文学者であられた故・生地竹郎教授と、シェークスピアの専門家でありニューマンを愛し、ニューマンに精通しておられる英国人のピーター・ミルワード上智大学名誉教授、そして日本ニューマン協会の諸先生方に心からの感謝を申し上げたい。そして多くの友人たち、また在天の父母や姉妹にも感謝を捧げたい。知泉書館社長の小山光夫氏には多くの貴重なご意見やご示唆をいただき、ばらばらであったいくつかの原稿を何とか一書にまとめることが出来た。このような稚拙なものでも世に問うことが可能となったのはひとえに氏のお陰である。心から感謝申し上げる次第である。最後に、写真の掲載をお許し下さった英国バーミンガム市のオラトリオ会に謝意を表したい。

二〇一〇年一〇月九日

長倉 禮子 識

初出一覧

第1章　ニューマンの生涯について（「ジョン・ヘンリ・ニューマン――その生涯と現代的意義」上智大学神学会『カトリック研究』第五五号、一九八九年）

第2章　神の聖徒の顔は笑みつつ我を迎えん（『日本におけるニューマンの受容――その史的考察』一章および二章。荒竹出版、一九八七年）

第3章　一　ニューマンの説教について／二　心から心に伝えられる福音（「ニューマンの宣教論にみる人格的影響――『大学説教集』の第五説教を中心に」山梨県立女子短期大学紀要、第三〇号、一九九七年）

三　説教「友との別れ」（『心が心に語りかける――ニューマン説教選』中央出版社、一九九一年）

第4章　人と人との出会いの場である大学（「ニューマンの大学の理念にみる人格的影響」山梨県立女子短期大学紀要、第二九号、一九九六年）

第5章　彼女は土の塵よりあげられ……三世紀の物語『カリスタ』（「『カリスタ』にみるニューマンのパーソナリズム――その一考察（一）―（四）」山梨県立女子短期大学紀要、第二四―二七号、一九九〇―一九九三年）

長倉　禮子（ながくら・れいこ）

1935年静岡市生まれ。上智大学大学院文学研究科博士課程修了。元山梨県立女子短期大学（現・山梨県立大学）教授。現在・日本ニューマン協会幹事。
〔著訳書〕『日本におけるニューマンの受容―その史的考察』（荒竹出版，1987年）『心が心に語りかける―ニューマン説教選』（共訳・中央出版社，1991年）『いのちと愛のファンタジー』（山梨県立女子短期大学，1997年）『J・H・ニューマンの現代性を探る』（共著・南窓社，2005年）『時の流れを超えて―J・H・ニューマンを学ぶ』（共著・教友社，2006年）他。

〔ジョン・ヘンリ・ニューマンの文学と思想〕　ISBN978-4-86285-108-6

2011年5月20日　第1刷印刷
2011年5月25日　第1刷発行

著　者　長　倉　禮　子
発行者　小　山　光　夫
製　版　野口ビリケン堂

発行所　〒113-0033　東京都文京区本郷1-13-2
電話03(3814)6161 振替00120-6-117170
http://www.chisen.co.jp
株式会社　知　泉　書　館

Printed in Japan　印刷・製本／藤原印刷

人名索引

（著作中の人物名は省略）

アウグスチヌス Augustinus　4, 11
アキリ Achilli, Giacinto　15
アタナシウス Athanacius　12
アーノルド，マシュウ Arnold, Mathew　48, 49
アブラハム Abraham　24
荒川龍彦　30
アリウス（派） Arius　9, 12, 27
アリストテレス Aristotle　9
石田憲次　19, 30, 140, 145
岩下壮一　vi
ウイルソン，コリン Wilson, Colin　vii
ウェイトリ，リチャード Whately, Richard　8
上田敏　v
植村正久　v, vi, 20, 21, 23, 26, 27
ウォード，ウイルフリッド Ward, Wilfrid　20
ウォルグラーヴ Walgrave, J. H.　137, 138
ヴォルテール Valtair　6
エルガー，エドワード Elgar, Edward　140, 209
生地竹郎　210
逢坂元吉郎　v
オデッセウス Odyssey　27

カー，イアン Ker, Ian　31, 32
カーライル Carlyle, Thomas　4
カレン，ポール Cullen, Paul　68
川中なほ子　32
キケロ Cicero　82, 95
キリスト，イエス Christ, Jesus　12, 34, 38, 40-43, 47, 48, 123, 131-135, 141
キルケゴール Kierkegaard　4
キーブル，ジョン Keble, John　8, 10, 13, 29, 33, 50
キングズリ，チャールズ Kingley, Charles　16, 17, 35, 140
熊野義孝　vi, 209

グラッドストーン Gladstone, William　13, 18, 140,
ゲンナロ Gennaro　28
コープランド Copeland, W. J.　35
コールリッジ Coleridge, Samuel Tayler　4

齊藤勇《タケシ》　30
サリヴァン，ジャック（助祭） Sullivan, Jack　208
ジェマイマ（母） Jemima　50
ジェマイマ（妹） Jemima　8
スウェル，ウイリアム Swell, William　50
スコット，トマス Scott, Thomas　34
須藤信雄　140, 141, 145
セント・ジョン，アンブローズ St. John, Ambrose　14, 20

ダンテ Dante　140
チャーチ，ディーン Church, R. W. (Dean)　49
チャドウィック，オウエン Chadwick, Owen　30, 32
ツキジデス Thucydides　27
坪内逍遥　v, 29
テニソン Tennyson, Alfred　21, 140
ドウソン，クリストファー Dawson, Christopher　11

中村保男　viii
ナポレオン（戦争） Napoleon　7
ニコラス Nicholas, George　6
ネヴィル Neville, William　19
ネリ，フィリッポ Neri, Philippo　14
ノーフォーク（公爵） Norfolk, Duke of　18

パウロ（聖） Paul　12
パスカル Pascal, Blaise　4
バルベリ，ドミニク Barberi, Dominic　13
ハットン，リチャード Hutton, Richard Holt　30, 141, 145

ピュージー Pusey, E. B.　10, 50, 51
ブラウニング Browning, Robert　21
プラトン Plato　15, 95
フランシスコ（アッシジの聖）St. Francis of Assisi　206
フルード，ハレル Froude, Richard Hurrell　8-10, 16, 27, 28,
フルード，アンソニー Froude, Anthony　16
ブレモン，アンリ Bremond, Henri　7, 137
ペイン，トマス Paine, Thomas　6
ベネディクト16世（教皇）Benedict XVI　208
ヘンデル Haendel, Friedrich　140
ベンサム Bentham, Jeremy　95
ホーマー Homer　27

マニング Manning, Henry Edward　17
マルクス Marx, Karl　31
ミルワード，ピーター Milward, Peter　210
メアリ（妹）Mary　8
メンデルスゾーン Mendelssohn　140

吉満善彦　vi, 209

ラムジ Ramsey, Arthur Michael　viii
ルター Luther, Martin　10
レオ13世（教皇）Leo XIII　18
ロンギヌス Longinus　15
ロングレイ，バーナード（大司教）Longley, Bernard　208

ワーズワース Wordsworth, William　4, 21

ジョン・ヘンリ・ニューマン略年譜

1801　2月21日ロンドン市に銀行家の父ジョン・ニューマンとフランスから亡命してきたユグノー教徒の子孫ジェマイマを母に六人兄弟の第一子として生まれる。

1808　ニコラス博士のイーリング校に入学。詩作をはじめ，聖書に親しむ。

1816　宗教的回心を体験する。トマス・スコットやジョセフ・ミルナーの教会史など読み，教父に親しむ。

1817　オクスフォード大学のトリニティ学寮に入学。

1822　オクスフォード大学のオリエル学寮のフェローに選ばれる。

1825　英国教会の聖職者に叙階され，聖クレメンス教会で働く。

1828　妹メアリの急死。大学付属の聖マリア教会の司祭（*vicar*）に任ぜられる。

1832　『四世紀のアリウス派』（*The Arians of the Fourth Century*）脱稿。これにより健康を害し，転地療養のため旅に出るフルード父子と共に南欧，ローマ，パレルモ方面に向かう。周遊中に “Lead, Kindly Light!” ほか多数の詩作を行う。

1833　7月帰国。数日後の14日にキーブルの巡回裁判説教「国民的背教」があり，オクスフォード運動が始まる。『時局叢書《トラクト》』（*Tracts for the Times*）が発刊される。

1834　詩集『リラ・アポストリカ』（*Lyra Apostorica*）出版。

1834-43　『教区民のための平明説教集』（*Parochial and Plain Sermons*）8巻出版。

1836　『教父叢書』（*Fathers of the Church*）編集刊行。

1837　『英国教会の中間の道』（*The Via Media of the Anglican Church*）第1巻『教会の預言的役務について』（*Lectures on the Prophetical Office of the Church*）出版。

1838　『義認論』（*Lectures on the Doctrine of Justification*）出版。

1838-41　『英国批評家』（*The British Critic*）誌の主筆。

1841　2月27日『時局叢書《トラクト》』第90篇刊行される。

1842　『英国批評家』主筆を辞す。聖マリア教会を退き，リトルモアに移る。『聖書と教会の奇跡について』（*Two Essays on Biblical and on Ecclesiastical Miracles*）出版。

1842-44　翻訳『聖アタナシウスのアリウス派への反論』（*Select Treatises of St. Athanasius in Controversy with the Arians*）出版。

1843　2月にローマ攻撃の文章を撤回。9月リトルモア教会で「友との別れ」（*The Parting of Friends*）の説教を行い，以後公の場から身を引く。『時の話題をめぐる説教集』（*Sermons bearing on Subjects of the Day*），『大学説教集』（*Fifteen Sermons preached before the University of Oxford*）出版。

1845　10月オリエルのフェロー辞任。『キリスト教教義発展論』（*An Essay on the Development of Christian Doctrine*）を書き終え，10月9日来訪したドミニク・バルベリ師によりカトリック教会に受け入れられる。

1846 カトリック教会の聖職者になることを望み，ローマのプロパガンダ学寮に学ぶ。オラトリオ会に入り，英国に創設することを決意する。

1847 5月アンブローズ・セント・ジョンと共にローマでカトリック司祭に叙され12月に帰国。

1848 バーミンガムにオラトリオ会を創設。『損と得』（*Loss and Gain: the Story of a Convert*）出版。

1849 ロンドンにオラトリオ会支部を創設。『混合の会衆に向けてなされた講話集』（*Discourses addressed to Mixed Congregations*）出版。

1850 ロンドンでの連続講演『カトリックの教えに関し，英国国教徒の持つ困難について』（*Lectures on Certain Difficulties felt by Anglicans in Catholic Teaching*）を行う。講演の中で元ドミニコ会司祭アキリへ言及したことが誹謗として告訴される。ローマから名誉博士号を受ける。

1851 アイルランドのカトリック大学創立に当たり総長就任の要請を受ける。『英国におけるカトリック教徒の現状について』（*Lectures on the Present Position of Catholics in England*）出版。

1852 カトリック大学創立のために『大学の理念』（*The Idea of a University*）について連続講演を行う。カトリック教会第1回司教会議がオスコット学寮で開かれた際「第二の春」（*"The Second Spring"*）の説教を行う。

1854 カトリック大学の総長に就任。

1856 『カリスタ』（*Callista, A Tale of the Third Century*），『大学の任務と役割』（*The Office and Work of Universities*）出版。

1857 『さまざまな機会に行った説教集』（*Sermons preached on Various Occasions*），『福音のもとにおける聖霊の役割』（*The Office of the Holy Ghost under the Gospel*）出版。

1858 カトリック大学の総長を辞す。

1859 「教義に関して信徒に聞く」（*"On Consulting the Faithful in Matters of Doctrine"*）が『ランブラー』（*The Rambler*）誌に掲載され，教会当局から激しく非難される。

1864 『マクミラン』（*Macmillan's Magazine*）誌上のキングズリのニューマン非難が機縁となり，『アポロギア』（*Apologia pro Vita Sua, being a History of His Religious Opinions*）を執筆。出版されるや評判となり昔日の名声を取り戻す。

1865 『ゲロンシアスの夢』（*A Dream of Gerontius*）出版。

1868 『折々に詠んだ詩』（*Verses on Various Occasions*）出版。

1870 『承認の原理』（*An Essay in Aid of a Grammar of Assent*）出版。

1871 『評論および歴史に関する論文』（*Essays, Critical and Historical*）出版。

1872 『歴史素描』（*Historical Sketches*）3巻，『さまざまな問題に関する論議と論証』（*Discussions and Arguments on Various Subjects*）出版。

1874 パンフレット『ノーフォーク公爵への手紙』（*A Letter addressed to His Grace the Duke of Norfolk*）を公にする。

1878 トリニティ学寮の名誉フェローに推薦される。

1879　教皇レオ13世により枢機卿に任命される。
1885　『宗教的誤りの発展』（*The Development of Religious Errors*）出版。
1890.8.11　バーミンガムで死去。バーミンガムの郊外レドナルにあるオラトリオ会司祭の墓地に埋葬される。
1991.1.22　ローマ聖座から「尊者」（*Venerabilis*）の称号が与えられる。
2010.9.19　ローマ聖座から「福者」（*Beatus*）の位にあげられる。

注）　著書の日本語の題名に関しては，定着しつつあるものを除き，原題名および内容から仮に日本語に置き換えたものである。

ニューマンの著作

ニューマンは自分自身の著作を1868年から1881年にかけて36巻からなるユニフォーム版（Uniform Edition）にまとめたが，再版のたびに小さな修正を重ねていた。1886年以降ニューマンの著作はすべてロングマンズ社（Longmans, Green, and Co. of London）から出され，1890年からは同社から出版された36巻をユニフォーム版として他の出版社から出されたものと区別している。（この版の大部分はクリスチャン・クラッシクス社［Christian Classics INC. Westminster, Maryland］によるオフセット印刷版が出ている。）主要な著作の何冊かはオクスフォード大学出版局（Oxford: Clarendon Press）から出されているが，最近では各種のペーパーバック版も出ている。1から7までの分類はユニフォーム版に準じたものである。日本語訳のあるものはカッコ内に日本語の題名を記しておく。

1　説教集

Parochial and Plain Sermons, 8 vols.

Sermons Bearing on Subjects of the Day.（『信仰と理性との関係をめぐって』佐伯岩夫訳，新教出版社，1974年。"Faith and Reason, Contrasted as Habits of Mind" の訳。）

Fifteen Sermons Preached before the University of Oxford.

Discourses Addressed to the Mixed Congregations.

Sermons Preached on Various Occasions.

（『心が心に語りかける―ニューマン説教選―』日本ニューマン協会編訳，中央出版社，1991年。*Parochial and Plain Sermons* から7篇，*Sermons Bearing on Subjects of the Day* から3篇，*Discourses Addressed to the Mixed Congregations* から5篇，*Sermons Preached on Various Occasions* から1篇の訳を収録。）

2　思想的著作

Lectures on the Doctrine of Justification.

An Essay on the Development of Christian Doctrine.

The Idea of a University.（『基督教と学問研究』中村己喜人訳，ドン・ボスコ社，1941年，University Subjects, viii "Christianity and Scientific Investigation" の訳。『大学の理念』増野正衛訳，弘文堂，1949年，Discourses v-viii の過半の訳。『大学で何を学ぶか』田中秀人訳，大修館書店，1983年，Discourses v-viii 及び University Subjects II, III の訳。）

An Essay in Aid of a Grammar of Assent.

3　歴史に関する著作

Historical Sketches, 3 vols.

4　エッセイ集

Two Essays on Miracles.

Discussions and Arguments on Various Subjects.

Essays, Critical and Historical, 3 vols.

5　教父研究

The Arians of the Fourth Century.

Select Treatises of St. Athanasius in Controversy with the Arians, 2 vols.

6　論争的著作

The Via Media of the Anglican Church, 2 vols.

Certain Difficulties felt by Anglicans in Catholic Teaching Considered, 2 vols.

Lectures on the Present Positon of Catholics in England.

Apologia Pro Vita Sua.（『アポロギア』巽豊彦訳，エンデルレ書店，上巻/1948，下巻/1958年。；『わが生涯の弁（抄）』川田周雄訳，白水社，1973年。）

7　文学的著作

Loss and Gain: the Story of a Convert（『損と得』中村己喜人訳，ドン・ボスコ社，1951年。）

Callista：A Tale of the Third Century.

Verses on Various Occasions（"The Pillar of the Cloud," "The Dream of Gerontiu" を含む。『ゲロンシアスの夢』内館忠蔵訳，聖公会出版社，1931年。）

8　遺　著

Letters and Correspondence of John Henry Newman, During his Life in the English Church, ed. Anne Mozley, 2 vols. Longmans, Green, and Co. 1891.

Meditations and Devotions, ed. William Neville, Longman, Green, and Co., 1893.（reproduced by Meriol Trevor, Burns & Oats, 1964.）

Sermon Notes of John Henry Cardinal Newman, 1849-1878, ed. Fathers of the Birmingham Oratory. London, 1913.

Correspondence of John Henry Newman with John Keble and Others, 1839-1845. ed. at the Birmingham Oratory, Longmans, Green, and Co. 1917.

John *Henry Newman: Autobiographical Writings,* ed. Henry Tristram.London and New York: Sheed and Ward, 1956.

On the Inspiration of Scripture, ed. Derek Holmes and Robert Murray, SJ, Corpus Books, 1967.

The Theological Papers of John Henry Newman on Faith and Certainty, ed. Hugo M. de Achaval, SJ and J. Derek Holms, Oxford: Clarendon Press, 1976.

The Theological Papers of John Henry Newman on Biblical Inspiration and on Infallibility, ed. J. Derek Holmes, Oxford: Clarendon Press, 1979.

JOHN HENRY NEWMAN Sermons 1824-1843, vol.1.ed. Placid Murray, OSB, Oxford: Clarendon Press, 1991; vol. 2. ed. Vincent F. Blehl, SJ., 1993.

The Letters and Diaries of John Henry Newman, ed. Charles Stephen Dessain et.al., vols.i-v, Oxford: Clarendon Press, 1978-81; ed. Gerard Tracy vi-viii, Oxford: Clarendon Press, 1984, 1995, 1999; ed. Francis McGrath, F. M. S. ix, Oxford University Press, 2005; xi-xxii, London: Nelson, 1973-77; xxiii-xxxiiOxford: Clarendon Press, 1973-77, 2008.

The Philosophical Notebook of John Henry Newman, ed. Edward Sillem, 2 vols. (Louvain: Nauwelaerts, 1969-70).

The Philosophical Papers of John Henry Newman on Biblical Inspiration and on Infallibility, ed. Hugo M. de Achaval, SJ, and J. Derek Holmes (Oxford Clarendon Press, 1976).

日本語参考文献

（年代順）

ニューマン著（内舘忠蔵訳）『ゲロンシアスの夢』聖公会出版社，1931年。*The Dream of Gerontius.*

S. L. オラード著（鈴木二郎訳）『オクスフォード運動』聖公会出版社，1932年。S. L. Ollard, *A Short History of the Oxford Movement* 1915. の訳。

エーリッヒ・プシュワラ編（杉田英一郎訳）『ニューマン宗教体系』新生堂，1933年。Erich Przywara, *J. H. Newman, Christentum: Ein Aufban,* 1922. の英語版 *A Newman Synthesis* 1930. の訳。

吉満義彦著『カトリシズム・トーマス・ニューマン』新生堂，1934年。

石田憲次著『ニューマン』英文学評伝叢書47，研究社，1936年。

石田憲次著『信仰告白』研究社，1937年。

逢坂元吉郎著『聖餐論』新教書院，1939年。

斎藤勇著『英語讃美歌』教文館，1941年。

ニューマン著（巽豊彦訳）『アポロギア』エンデルレ書店，上1948年，下1958年。*Apologia pro Vita Sua.*

ニューマン著（増野正衛訳）『大学の理念』弘文堂，1948年。*The Idea of a University, Discourses v-viii.*

ニューマン著（中村己喜人訳）『損と得』ドン・ボスコ社，1951年。*Loss and Gain.*

荒川龍彦著『近代英文学の意味』南雲堂，1955年。

コリン・ウイルソン著（中村保夫訳）『宗教と反抗人』紀伊国屋書店，1965年。Collin Wilson, *Religion and the Revel,* 1957.

ニューマン著（川田周雄訳）「わが生涯の弁（抄）」『現代キリスト教思想叢書3』白水社，1973年。*Apologia pro Vita Sua* の第3章と第4章の全訳。

ニューマン著（佐伯岩夫訳）『信仰と理性の関係をめぐって』新教出版社，1974年。*Sermons Preached Before the University of Oxford* 所収 “Faith and Reason, Contrasted as Habits of Mind” Preached on Sunday morning, the Epiphany, 1839.

ニューマン著（田中秀人訳）『大学で何を学ぶか』大修館，1983年。*The Idea of a University Discourses v-viii, University Subjects II, III.*

長倉禮子著『日本におけるニューマンの受容――その史的考察』荒竹出版，1987年。

ニューマン著（日本ニューマン協会訳）『心が心に語りかける――ニューマン説教選』中央出版社，1991年。

オウエン・チャドイック著（川中なほ子訳）『ニューマン』教文館，1995年。Owen Chadwick, *Newman,* Oxford University Press, 1983.

岡村祥子・川中なほ子編『ニューマンの現代性を探る』南窓社，2005年。
イアン・カー著（川中なほ子・橋本美智子訳）『キリストを生きる―― J. H. ニューマンの神学と霊性』教友社，2006年。Ian Ker, *Newman on Being a Christian,* University of Notre Dame Press, 1990.
日本ニューマン協会編著『時の流れを超えて―― J. H. ニューマンを学ぶ』教友社，2006年。